휴탈리티

미래 인재의 조건

격변의 AI 시대를 돌파할 인간 고유의 영역은 무엇인가

휴탈리티
미래 인재의 조건

박정열 지음

HUTALITY
FOR FUTURE TALENT

저녁달

생성형 AI가 전 세계를 강타하는 기술혁명의 시대에도 여전히 인간 본연의 창의성은 소중하다고 믿는다. 자원은 유한하지만, 창의는 무한하기 때문이다. 현대자동차그룹에 몸담았던 지난 40년을 돌이켜 보면, 전기차, 로보틱스, 배터리, 수소 등 멀티 비즈니스 관점의 R&D 패러다임을 혁신하기 위해 노력했던 날들과 이 노력이 결국 최근 주력 차종의 성공적 출시로 이어졌던 장면들이 떠오른다. 하지만 조직 리더로서 가장 많이 고민하고 애쓴 것이 무엇이었는가 하고 묻는다면 주저 없이 인재 육성이라고 말하고 싶다. '직원들의 독특함은 어떻게 탁월함과 성과로 연결되는가?', '이 독특함이 회사라는 일터에서 사장되지 않고 온전히 발현되도록 하려면 리더십과 조직문화는 어때해야 할까?' 이 두 가지는 조직을 맡은 리더로서 임기 내내 스스로 끊임없이 했던 질문이다.

첨단기술 역량의 한복판에서 일해왔지만, 비즈니스 열매는 사람으로부터 시작되며 사람이 가진 창의는 결국 그가 가진 독특함으로부터 나오게 됨을 고백한다. 그런 점에서 저자가 주장하는 기술 역량과 해석 역량이 겸비된 '휴탈리티 인재'의 개념이 가슴에 와닿는다. 해볼 만한 미래 준비라고 생각한다. 창의의 화수분으로서 미래에도 여전히 주인공으로 설 수 있도록 해주는 우리 고유의 '휴탈리티'가 무엇인지 저자의 안내를 꼼꼼히 따라가보자. 기술 역량을 보다 중시하는 현실과의 거리감이 느껴질 수도 있을 것이다. 하지만 이상은 늘 먼발치에 있는 법. 미래에는 지금보다 기술 역량과 해석 역량의 균형을 갖춘 '휴탈리티 인재'가 현업 조직에서 진정한 인재로 인정받는 사회가 되어 가기를 바란다.

- 박정국(현대자동차그룹 고문, 전 현대자동차그룹 연구개발본부장 사장)

나는 학교에서 학생들이 겪고 있는 치열한 스펙 전쟁을 생생히 목격하고 있다. 대학 생활을 통해 자신을 확인해가는 여정보다는 자신을 드러낼 여러 포장을 쉴 새 없이 보태는 데 여념이 없다. 보탠 만큼 화려해져 가긴 한다. 하지만 이것이 닥친 미래에 대한 바른 준비일까를 끊임없이 자문하게 된다. 왜냐하면, 정작 그 포장을 다 벗겨내면 사실상 세상과 상대하기 위해 요구되는 주체적 동력은 잘 발견되지 않기 때문이다.

이 책은 기술 발전과 디지털 대전환 시대를 살고 있는 우리에게 두 가지 의미를 선사한다. 첫째는 기업과 사회, 그리고 국가의 반성을 촉구하고 있다. 사람의 본질 그 자체에 대한 관심과 이해 없는 기술 중심의 공허한 '인재상'을 더 이상 추구하지 말아야 한다고 말한다. 둘째는 우리 각 개인에 대한 '휴탈리티' 발굴 요청이다. 더 늦기 전에 겉을 치장하는 허세로운 준비를 중단하고 이제 자기 자신에 대한 이해를 바탕으로 타인과 세상을 해석해내는 '휴탈리티' 습관을 만들어야 한다고 말한다.

저자는 철학을 공부하고 대학원에서 경영학석사와 교육학박사를 했다. 그리고 오랜 기간 기업에서 인재를 교육하고 그들의 경력을 개발하며 기업의 인재 개발 혁신을 선도하고 있다. 그래서 그의 글에서는 현장의 분위기와 과학적 근거는 물론 인간 자체에 대한 이해와 울림이 있다. 요즘 젊은이들에게 희망을 주고 요즘 세상과 사회에 따끔한 일침을 놓았다.

세상에 나아가기 위해, 미래의 주인공이 되기 위해 막연히 달려가고 있다면 잠시 호흡을 가다듬고 이 책을 열어보자. 인생 1막은 물론 2막, 3막도 거뜬할 만한 동력을 얻을 것이다.

- 권헌영(고려대학교 정보보호대학원장, 한국IT서비스학회장, 디지털플랫폼 정부위원회 정보보호분과장)

최근 100여 년간 인류 복리 증진에 마이크로웨이브, 세탁기, TV의 기여가 무척 크다는 이야기가 있다. 최근에는 스마트폰과 미디어 전달체계가 뒤를 잇고 있다. 이제 인공지능도 곧 같은 반열에 위치할 것으로 보인다. 더욱 편리한 생활을 위하여 스마트폰을 쓰듯이, 인공지능도 쓰임의 문제이다. TV가 처음 나왔을 때, 지금 인공지능에 대하여 이야기하는 우려가 있었고 불과 20년 전 스마트폰을 대할 때도 비슷한 걱정을 했었다.

『장자莊子』에는 쓰임과 가치에 대한 통찰이 있다. "쓸모없는 것이 있어서 쓸모 있는 것이다." 세상은 쓸모 있고 없음에 지나치게 집착하지만 중요하고 가치 있는 것은 쓸모없는 것일 수 있다. 나이든 부모, 오래된 반려 동물에 쓸모 있는지 여부를 묻는가? 그들은 나에게 최상의 가치가 있으나 쓸모는 없을 수도 있다. 쓸모보다 가치가 더 중요하다. 쓸모만으로 모든 선택이 이루어지지 않고 하지도 않는다. 양자택일에서 인공지능은 답을 주지만 우리는 선택을 한다. '인간 지성은 의지, 기억, 이해가 서로 분리될 수 없는 일체'라고 아우구스티누스 성인은 말했다. 기억과 이해라는 측면에서 인공지능이라는 도구가 우리를 도울 수는 있다. 그러나 선택은 내가 가지고 있는 가치와 의지를 따른다. 이는 인간에게만 존재하는 고유 속성이다.

다양한 도구와 기술이 넘치는 시절에 '인간', '휴탈리티'를 강조하는 박정열 박사의 글은 '쓸모없어 보이는 것이 가장 쓸모 있음'을, 그리고 '바람직한 가치를 지향하는 의지가 중요함'을 조용히 외친다.

- 오승훈(InsightGroup 대표, 월간 「인재경영」 발행인)

더욱 강력하게 돌아왔다. 이미 초판도 훌륭한 완성작이었지만, 저자는 그역시 뛰어넘을 수 있음을 보여주었다.

로봇이 인간의 육체노동을 대신하기 시작했을 때 사람들은 일자리가 줄어들까 걱정하기는 했지만, 인간성이 대체될 것을 걱정하지는 않았다. 얼마전 챗GPT가 세상에 나왔을 때 사람들은 인공지능이 인간성의 고유 영역을 침범할까 봐 두려워했다. 하지만 저자 박정열은 우리에게 '휴탈리티'가 있다고 말한다. 자신의 '휴탈리티'를 찾지 못한 자는 인공지능에게 자리를 내어주겠지만, 자신만의 '휴탈리티'를 발굴한 자는 인공지능의 도움과 함께 날아오를 것이다.

책장을 넘길수록 한 가지 강한 확신이 차오른다. 제아무리 뛰어난 생성형 인공지능이라도 이 책을 집필할 수는 없다는 확신이다. 인류의 미래를 걱정하는 사람에게도, 자신의 일자리를 걱정하는 사람에게도 깊이 있는 일독을 권한다.

- **박선웅**(고려대학교 교수, 『정체성의 심리학』 저자)

미래에 대한 전망이 넘쳐나는 요즘, 우리가 종사하고 있는 거의 대부분의 직업들이 사라지게 될 것이라는 극단적 비관론부터 새로운 일자리들이 더 많이 만들어질 것이라는 낙관론까지 다양하게 거론되고 있다. 하지만 한 가지 공통된 의견은 바로 미래의 직업과 직무는 지금과는 완전히 다를 것이라는 것이다. 어떻게 준비해야 하는 것일까? 더 늦기 전 모두 빅데이터 전문가가 되어야만 할까?

이 책은 미래가 요구하는 인재의 모습에 대해 특정 지식과 기술을 준비하라는 단순한 전망을 넘어선다. 넘쳐나는 정보의 홍수 속에서, 과연 어떠한 능력이 필요한 지식과 기술들을 주체적으로 선별하도록 만들고 이를 민첩하게 습득하도록 하는지를 본질적으로 짚어주고 있기 때문이다. 저자는 왜 Why를 통해 의미 체계를 만들어내는 '해석 능력'을 미래인재 핵심 역량으로 제시하고 있다. 왜 변화해야 하는지를 모른다면 우리는 앞으로 어떻게 변화해야 할지, 그리고 지금 일어나고 있는 변화가 어떤 것인지도 이해할 수 없기 때문이다.

25년 넘게 다양한 대기업 및 외국계 기업의 인재 개발 현장, 그리고 학교를 넘나들던 저자는 기지 넘치는 예시와 다양한 비유를 통해 미래인재에 대한 통찰을 맛깔나게 제시하고 있다. 취업을 준비하는 학생뿐 아니라 새로운 지식을 끊임없이 습득해야 할 필요가 있는 직장인, 그리고 앞으로 최소 10년 이상 직업을 갖고 일을 할 계획이 있는 독자들이라면 충분히 두고 읽을 만한 가치가 있을 것이다.

- 김선식(Google 클라우드 금융 및 공공 부문장)

챗GPT가 촉발한 '생성형 AI 혁명'이 사람들에게 충격을 안겨준 지도 1년이 지났다. 1년 사이 사람들은 생성형 AI의 가능성에 놀라고 다가올 AI 시대를 두려워했다. 특히 사람들의 고민은 한 가지로 귀결됐다. "AI 시대, 나는 과연 준비된 인재일까?"가 바로 그것이다. 이 책은 이 질문에 대한 힌트를 제공한다.

필자는 기존 기업들의 '인재상'에 대한 문제 제기로 시작한다. 조직에서 목적을 달성하기 위해 설정한 인재상은 인재상이기보다는 조직이 원하는 인력의 조건이라고 보는 것이 맞다는 것. 때문에 기업은 인재상에 대한 집착을 버리고 '인재성'에 집중해야 한다. 그렇다면 인재성은 무엇일까? 20년 넘게 사람과 조직에 대한 본질적 이해를 고민하고 있는 HR 전문가인 저자는 인간만의 인재성을 '휴탈리티Hutality'라는 개념으로 소개한다. '휴탈리티'는 세상에 없던 것을 완성도 높게 만들어내는 재능Talent과 그것이 현재의 세상과 앞으로의 세계에 갖게 될 의미 체계를 만들어 내는 인간 특유의 속성인 휴머니티Humanity를 결합해 만든 신조어다. 저자는 책을 통해 AI 시대 핵심 역량인 '휴탈리티'를 밝히는 데 도움이 되는 다섯 가지 습관을 소개하고 자기 자신에 대한 질 높은 성찰의 중요성에 대해 설명한다.

AI로 인한 거대한 패러다임 전환이 일어나고 있는 시대, 인간만의 고유한 역량이라 할 수 있는 '휴탈리티'에 주목해보자.

- 장재웅(동아비즈니스리뷰 기자, 『비즈니스 문해력을 키워드립니다』 · 『네이키드 애자일Naked Agile』 저자)

경쟁이 치열한 시대, 세상은 기술에서 초격차를 벌리는 데 목을 맨다. 하지만 박정열 박사는 기술 너머, 이를 운용하는 사람까지 바라본다. 그가 미래 경쟁력 있는 인재의 핵심 역량으로 '휴머니티humanity'와 '탤런트talent'를 합친 '휴탈리티hutality'라는 새로운 생각을 내놓은 이유다.

현장 전문가답게 1부에서 인재에 대한 기존의 잘못된 인재상을 구체적이고도 뼈아프게 비판한다. 읽다 보면 여러 문제에 대한 통찰이 열리는 느낌이 든다. 그리고 2부에서는 '휴탈리티'를 밝히는 다섯 개의 습관을 현실적이고도 설득력 있게 제시한다. 실무의 경험, 현장의 감각이 없으면 나오기 어려운 해석과 제안들이다.

이 책에는 30년 가까운 세월 동안 많은 사람을 교육하고 대화하며 쌓은 검증된 지혜가 오롯이 담겨 있다. 빠른 변화에 나아갈 방향과 삶의 중심을 잡기 어려워 고민이라면 정독을 권한다. 굳세게 미래를 열어갈 혜안을 얻을 수 있을 것이다.

- 안광복(철학박사, 중동고 철학교사, 『처음 읽는 현대 철학사』 저자)

모두가 AI를 비롯한 첨단기술의 중요성에 대해 목소리를 높이는 요즘, 여전히 사람이 중요하다고 설명하고 설득하는 것은 참 어렵다. 나 역시 '인적자원은 AI 시대에도 기업경쟁력의 원천인가?', 'AI 시대에 왜 사람의 역할이 더 중요한가?'라는 학생들의 질문에 뻔하고 막연한 대답들만 늘어놓는 경우가 많다. 이런 의미에서 '휴탈리티'는 반갑고 또 놀랍다. 이 책은 답하기 어려웠던 앞선 질문들에 대한 명쾌한 답을 제시한다. 저자는 학자와 실무전문가 양쪽의 시각을 균형 있게 아우르면서, AI 시대에 왜 사람의 역할이 더 중요할 수밖에 없는지를 강렬하고 속 시원하게 밝히고 있다.

기업경영의 클리셰가 되어 버린 '창의성과 혁신'의 반복이 아닌, 이 책이 새롭게 정의하고 설득하는 '창의創意'는, 주체적 의미 부여라는 인간의 고유성과 창의성의 본질을 되돌아보게 해준다. 저자가 일관되게 강조하는 '성찰'은, 최근 경영학에서 리더십과 자기계발의 핵심 키워드로 자리매김한 자아존중감, 그리고 진정성과 일맥상통한다. 무엇보다도 이 책이 주는 가장 큰 가치는, 미래라는 불확실한 무대에서 우리 자신이 주인공으로 우뚝 설 수 있는 실질적인 방법들을 알려준다는 것이다. 우리가 내일부터 당장 실천해 볼 수 있는 다섯 가지 습관들은, 속도와 효율성에 집착하는 세상에서 자신의 페이스를 잃지 않으면서 자신의 독특함을 유지할 수 있도록 도와준다.

이 책은 우리가 새롭게 직면한 AI 시대에 성공으로 가기 위한 친절한 안내서로서, 우리가 가진 스스로에 대한 고정관념을 깨부수고, 우리에게 이미 내재되어 있는 '휴탈리티'를 발굴함으로써 미래를 향해 재도전하는 근본적 계기를 만들어줄 것이라 확신한다.

- **박종규**(뉴욕시립대학교 교수, Rothwell & Associates 파트너,
Performance Consulting· Optimizing talent in the federal workforce 저자)

저자를 처음 만났던 건 2000년대 중반 LG그룹 연수원 인화원에서였다. 당시 그룹 공채 신입사원 입문교육을 총괄하는 과장님이었고, 나는 다른 팀 소속이었지만 지도 선배로 참여했었다. 잘 짜인 교육 프로그램, 프로그램과 후배 신입사원들을 대하는 면면을 통해 '일에 대한 소명의식이 남다른 분'이라는 걸 느꼈다. 업무 외 시간에는 동호회를 통해 회사 동료들과 함께

즐길 수 있는 기회를 만드는 것에도 진심인 분이었다. '나다움'이 강조되는 요즘, 저자를 만난 분들이라면 '박정열다움'이라고 하면 떠오르는 이미지가 있으리라 믿는다. 세월이 흘러 일하는 공간은 달라졌지만 이따금 사는 얘기들을 할 때면 거리낌 없이 속 얘기들을 털어놓게 되는 벗이다.

이 책은 저자의 지금까지의 경험과 연구를 오롯이 담아낸 결실이다. 특히 이번 개정판에서는 AI 시대를 살아가는 현대인들에게 필요한 덕목들을 휴탈리티 습관으로 제시하며 실행을 돕고 있다. 파도를 타야 한다는 당위만 외치는 것이 아니라 이를 위한 명세서를 내놓았다.

글로벌인재경영원이라는 비영리 사단법인의 미션 역시 전 세계의 인재들이 자신이 가지고 있는 잠재력을 찾고 국경을 넘나들며 협력할 수 있는 실력을 갖추도록 돕는 것이다. 저자와 함께 이후 협력하며 이루어낼 선한 일들이 기대된다. 이 책이 영어, 중국어 등으로 번역되어 해외의 많은 인재들도 만날 수 있게 되기를 바란다.

- **김상학**(GTMI 글로벌인재경영원장, 동국대 상담코치학과 겸임교수,
『글로벌 코치 되기』·『한 권으로 읽는 101개국 101가지 핵심 키워드』 역자)

우리는 자라면서 꿈을 갖고 인생의 목표를 정하고 그것을 향해 열심히 노력해야 한다고 배웠다. 학생일 때도 그렇고, 직장인이 되어서도 늘 최선을 다하고 최고가 되어야 한다고 믿었다. 그런데 그렇게 달리다 보면 어느 날은 내가 왜 이렇게 달리고 있는지 회의감이 들고, 피로, 압박감, 불안, 우울이 한번에 몰려올 때가 있다. 번아웃 상태가 된 것이다. 그렇게 소진된 채 불안에 휩싸인 수많은 직장인이 상담실을 찾는다. 앞으로 어떻게 살아야 할지 모르겠다고.

이 책을 읽으면서 나를 찾아왔던 그들이 한 명 한 명 떠올랐다. 직장에서 열심히 일했으나 방향을 잃은 사람들에게 꼭 읽어보라고 권하고 싶어졌다.

심리치유서는 아니지만 마음의 불안을 낮춰주는 데 도움을 줄 수 있는 책
이다. 미래에 내가 어떤 인재로 성장해야 할지 구체적인 방법을 소개하고
나아갈 방향도 안내해준다. 그리고 저자는 어제 이곳에 있던 인재가 내일
그곳에서도 인재가 되리라는 보장이 없다고 말하며, 환경이 너무나 빠르게
변해가는 사회에서는 지금껏 잘해왔다고 해서 똑같은 태도로 일해서는 안
된다는 것을 강조한다. 모든 것이 변하는 와중에도 변하지 않는 것, 내 안의
것, 나다움에 집중하고 의미 있는 삶을 만들어나가야 한다는 것이다. 여러
분 또한 나만의 '휴탈리티' 능력을 개발하고 미래를 설레는 마음으로 맞이
하길 바란다. 이 책을 통해 이제 미래는 불안과 두려움이 아니라 희망과 기
대라는 믿음을 가질 수 있게 될 것이다.

- 박상미(심리상담가, 한양대학교 일반대학원 협동과정 교수,
힐링캠퍼스 더공감 학장, 『우울한 마음도 습관입니다』 저자)

누가 살아남을 것인가

템스 강변에 위치한 어느 법원 뜰에 포도나무 한 그루가 있었다. 그런데 놀랍게도 그 나무의 포도는 전문적으로 포도를 재배하는 그 어떤 농장의 포도맛보다 뛰어났다. 식물학자들은 그 포도나무를 널리 보급하면 좋겠다는 생각에 원인을 조사했다. 그 결과 이 포도나무가 다른 포도나무와 확연히 다른 점이 하나 확인됐다. 그 것은 이 포도나무의 뿌리가 템스강 밑바닥까지 깊고 길게 뻗어 있 었다는 사실이다. 뿌리가 강 밑까지 뻗어 있으므로 아무리 가뭄이 계속되는 날에도 이 나무는 수분을 충분히 빨아들여 다른 나무보다 더 많은 양분을 확보했다. 그래서 뿌리가 깊은 그 포도나무는 늘 가장 맛있는 포도 열매를 맺을 수 있었던 것이다.

우리는 누구나 꽃길을 걷고 싶어 한다. 그러려면 '지금 당장 내 손에 쥘 수 있는 성과'와 '더 성장할 수 있도록 만드는 나에 대한 투자'를 모두 놓치지 않아야 한다. 하지만 땅속에 박혀 있는 뿌리는 잘 보이지 않고 밖으로 드러난 열매가 더 눈에 잘 띄어서일까? 우리는 성과와 성장의 동력인 뿌리보다 결과로 나타나는 열매에 더 쉽게 매료되는 것 같다. 그러다 보니 허약한 뿌리를 가지고 있으면서 풍성한 열매를 구하고 뿌리의 상태를 모른 채 물과 거름을 퍼붓다 결국 열매를 맺지 못하고 좌절한다.

지금 우리를 둘러싼 환경의 변화가 예사롭지 않다 보니, 기술의 진보와 초거대 인공지능의 등장이 안정된 현재를 위협할 것이라며 불안해하는 사람들이 많다. '노력해봐야 어차피 미래란 우리의 손을 떠난 영역'이라 여기는 염세주의자들도 있다. 마음이 다급하기만 한 그들은 저 멀리 있는 열 개의 열매보다 당장 내 손 안에 있는 한 개의 열매에 더 미혹되기 쉽다. 따라서 당연히 뿌리부터 튼튼하게 잘 키워야 한다는 생각조차 하지 못한다.

그런데 계속 이렇게 살아도 괜찮을까? 부실한 뿌리를 방치한 채 마른 헝겊 쥐어짜듯 당장의 열매만 거두는 것이 얼마나 지속될까? 수많은 직장인들이 번아웃을 경험하는 이유는 이런 세태 탓도 크다. 새로운 양분은 공급하지 못한 채 가지고 있던 능력을 다 소진하고 나면 한계에 부딪칠 수밖에 없다. 환경의 변화무쌍함을 위기가 아닌 기회로 전환시키는 것은 튼실한 뿌리가 있어야만 가능하다. 내일 펼치고 싶은 우리의 이야기도 튼실한 뿌리가 없다면 허망한 말잔치에 불과하다. 주체적으로 변화하지 못하고 줏대 없이 휘둘리다 변질되고 만다.

이제 관점을 바꾸고 태도를 정비해야 할 때다. 나는 더 늦기전에, AI 시대의 파고를 돌파할 무기가 되어줄 휴탈리티Hutality= Humanity+Talent의 정수를 나누기 위해 펜을 들었다.

우리 앞에 닥쳐올 거대한 파도의 속성을 이해하고 파도를 타는 우리 자신에 대해 본격적으로 살필 때가 되었다. 파도 타는 법에

대한 탁월한 통찰은 나 자신을 성찰하고 자기다움을 찾는 데서 시
작된다. 데이터, 알고리즘, 생명공학, AI라는 파도와 이 파도가 만
들어낼 거침없는 행보는 이제 일자리를 볼모로 공포와 불안을 안
길 기세다. 누구도 쉽게 파도에 대처할 수 있다고 말하긴 어렵다.
하지만 우리 자신을 잘 살핀다면 이를 다루기 위한 묘안을 찾을 수
있다.

　발명가이자 미래학자 레이 커즈와일Ray Kurzweil은 『특이점이 온
다The Singularity in Near』에서 2045년까지 인간과 유사한 능력의 '강인
공지능'이 탄생할 것으로 예견했다. 특이점이란 AI가 인간의 지능
을 초월하는 시점을 말한다. 그의 말에 따르면 20여 년이 남은 셈
이다. 기계가 넘보지 못할 우리만의 독특함을 발굴하고 빛나게 할
방법을 찾으려면 어쩌면 지금이 마지막 기회일지 모른다.

　이 책을 드는 순간, 여러분의 미래 준비는 시작되었다. 준비의
핵심은 나 자신과 면밀히 접속하는 것에 있다. 자신을 성찰하는 여

행을 떠나야 한다. 이 여행의 목적은 내 안의 휴탈리티를 발굴하고 이를 통해 벼랑 끝에 몰린 자신을 미래 무대의 주인공으로 회복시키는 것이다. 이 여정을 잘 마쳤을 때 우리는 옛것과 새로운 것, 해왔던 것과 해보지 않은 것 사이에서 꽤 괜찮은 의미 체계를 만들고 자신이 주체적으로 만들어갈 미래 방향을 가늠해볼 수 있을 것이다. 내 안에 묻혀 있는지조차 몰랐던 나만의 보물을 발견하는 희열을 느끼리라 확신한다.

2023년 12월 백범로에서

박정열

CONTENTS

PART 1   진짜 인재의 조건

PART 2 　　　　휴탈리티를 밝히는 5가지 습관

서장

왜 다시 사람인가

사람들은 미래에 대해 알고 싶어하고 늘 궁금해한다. 미래를 예측할 수 있으면 조금 더 나에게 유리한 선택을 하여 좋은 결정을 하거나 이득을 볼 수 있기 때문이다. 하지만 사실 미래를 예측하는 것은 어려운 일일뿐더러 정확하게 들어맞는 경우도 드물다. 그래서 미래에 대해 깊이 생각하는 것은 공허하다고 느끼는 사람도 많다. 하지만, 모두가 적극적으로 참여하게 되는 주제가 하나 있다. 바로 일자리 문제다.

10년 후 우리의 일자리가 어떻게 바뀔지는 아무도 장담할 수 없다. 하지만 기계, 데이터, 알고리즘 등 많은 분야의 일을 바꿔놓으리라는 것은 어느 정도 예상할 수 있다. 긍정적으로 보는 이들은

AI 시대가 가져온 변화가 계속해서 일자리를 창출할 뿐만 아니라 모두에게 더 큰 번영을 가져다 줄 것이라고 말한다. 19세기 산업혁명 당시 새로운 변화로 많은 사람이 실업자가 될 것이라고 염려했지만 자동화 설비가 들어설 때마다 없어지는 일보다 새로운 형태의 일이 더 많이 생겨났고, 전반적인 경제적 생활수준은 오히려 향상되었던 경험을 한 적이 있으니 낙관적 전망에도 타당성이 있다.

하지만 긍정적으로 전망하는 사람이나 부정적으로 전망하는 사람 모두 동의하는 부분은 바로 이번에는 과거 산업혁명과는 다르게 좀 심상치 않다는 점이다. 자동화된 기계를 넘어 '학습'을 할 수 있게 된 기계가 이전에 없던 전혀 새로운 미래를 만들어낼 기세이기 때문이다. 그래서 이런 질문들이 우리의 머릿속을 맴돌곤 한다.

"미래에 새롭게 등장할 일자리는 무엇이며, 지금의 일자리는 어떻게 바뀔까?"
"미래는 인재를 어떻게 정의하고 어떤 인재상이 우리 앞에 등장할까?"
"미래를 대비하기 위해 우리는 어떤 준비를 해야 할까?"

회사 동료를 평가할 때 "그 사람, 참 인간적이고 착해!"라는 말에는 '사람은 참 좋아. 근데 일을 잘하는지는 모르겠어!'라는 씁쓸함이 담겨 있는 듯하다. 일을 결함 없이 잘해내야 성과로 이어질 텐데 인간적인 면모가 좋은 결과를 만들어내는 데 별로 도움이 되지 않는다는 인식이다. 비슷한 예로 공학 분야에서 쓰는 용어 중에는 인적 오류human error라는 말이 있다. 인적 오류란 효율성이나 성과를 떨어뜨리는 인간의 결정이나 행동을 말하는 것인데 기계에 비하면 인간은 실수할 확률도 높고 효율은 낮을 수밖에 없다. 게다가 인공지능artificial intelligence, AI이 등장하면서 우리는 기계에 더욱 매료되었고 언젠가 인간의 능력을 훨씬 뛰어넘으리라 예상하고 있다. 전 세계적으로 AI에 의해 인적 요소를 제거하는 법에 대한 연구도 활발히 진행되고 있다. 우리가 가진 인간 본연의 아날로그적 모습은 결함으로 간주하고 기계의 디지털적 완벽함은 숭상하는 시대가 된 것이다.

하지만 기계를 기준으로 오히려 인간의 가치를 가늠한다면, 인간의 잠재적인 가능성을 보지 못한 채 끊임없이 기계와 비교하고 스스로를 평가절하하며 자괴감에 허덕이게 되지 않을까?

과거 기계는 순수하게 물리적 능력을 두고 우리와 경쟁했다. 인간은 인지 능력에서 기계보다 월등했다. 그 결과 농업과 산업 분야의 수작업은 모두 자동화됐지만 인간만의 인지적 기술이 필요한 새로운 서비스직들이 생겨났다. 인간만의 인지적 기술이란 학습과 분석, 의사소통, 그리고 무엇보다 인간의 감정을 이해하는 능력을 말한다.

그러나 이제 기계는 이런 능력에서도 점점 인간을 추월하고 있다. 심지어 인간의 감정에 대한 이해까지도 말이다. 이런 기계의 진보를 단순히 똑똑해지는 것 정도로 간주한다면 큰 오산이다. 기계의 영역에 생명과학과 사회과학 분야의 획기적인 발전들도 추가되고 있기 때문이다. 이러한 학제 간 연합은 인간이 가진 호기심과 상상력, 물질과 명예, 사회적 관계에 대한 이해도가 높아질수록 알고리즘의 고도화도 이루어지고 있다. 이는 곧 우리가 인간 고유의 능력이라 명명했던 '직관'도 일종의 '패턴 인식'이라는 생각에 이르도록 했다. 패턴 인식이라 함은 결국 기계도 딥러닝deep learning을 통해 인간이 가지고 있는 직관을 고도화시키는 것이 가능함을 뜻한다. 직관이 더 이상 인간 고유의 영역이 아니게 되는 것이다. 이는 그동안 인간 고유의 직관이 필요하다고 여겨졌던 업무도 기계가 더 잘하게 될 수 있음을 의미한다. 감정과 욕망이 모두 생화학적 알고리즘으로 체계화된다면 이 알고리즘을 해독하고 업무를 처리하는 일은 기계가 인간보다 훨씬 더 잘할 것이기 때문이다.

이렇게 보면 일자리의 위협은 단순히 컴퓨터공학에서만 이야기 할 것이 아니다. 컴퓨터공학은 생명공학과 융합되면서 그 잠재력이 증폭되고 있기 때문이다. 인간을 해킹하는 기계는 이제 인간 고유의 것이었던 분야에서조차 인간을 능가하게 될지 모른다. 인간이 아니기에 가지는, 기계만의 차별적 능력도 있기 때문이다. 기계가 보유한 비인간적인 능력 중 특히 중요한 두 가지는 네트워킹과 업데이팅이다. 인간은 개별자이기 때문에 서로 연결해서 모두를 최신 상태로 유지하기가 어렵다. 반면 기계는 개별자가 아니므로 하나의 탄력적인 네트워크로 통합하기가 쉽다. 이렇게 볼 때 인간이 직면한 위협은 인간 노동자가 로봇과 컴퓨터로 대체되는 것이 아니다. 인간 집단 자체가 대체될 가능성이 높다. 이제 인간 운전사 한 명을 자율주행차량 한 대와 비교하거나 인간 의사 한 명을 로봇 의사 하나와 비교하는 것은 의미가 없다. 인간 개인의 능력을 합산한 것을 통합 네트워크의 능력과 비교해야 한다.

예를 들면, 인간 운전사는 새로 바뀐 교통법규를 숙지하지 못해 위법을 저지르는 경우가 있다. 게다가 모든 차량이 제각각 움직이다 보니 두 대가 동시에 같은 교차로에 이르렀을 때 운전사들은 서로 의도를 오해해 충돌할 수 있다. 반면 자율주행차량은 모두 연결될 수 있다. 두 대의 차량이 같은 교차로에 서게 됐을 때도 둘은 사실 별개가 아니다. 단일 알고리즘이기에 인간처럼 오해나 실수로 충돌할 위험이 훨씬 적다. 교통부가 교통법규를 변경하기로 결정할 때도 모든 자율주행차량은 정확히 같은 순간에 손쉽게 새로운 정보를 업데이트한다. 프로그램 버그만 차단하면 모든 차량이 새로운 교통법규를 정확히 준수할 것이다.

이렇게 된다고 생각하면 한편으로는 인간 사회가 누릴 혜택이 엄청나게 많아 보인다. 자율주행차량은 지금보다 훨씬 나은 교통 서비스를 제공할 것이며, 특히 교통사고 사망률이 크게 감소할 것이다. 세계보건기구World Health Organization, WHO의 보고에 따르면, 교통사고로 인한 사망자 수는 전 세계적으로 연간 약 135만 명에 이른다. 이는 24초에 한 명꼴이다. 사고 원인의 90퍼센트 이상은 사람의 실수다. 음주운전을 했거나 운전 중에 핸드폰을 봤거나 운전하면서 졸거나 딴생각을 하다가 사고가 나는 경우다. 인적 오류가 원인인 것이다.

자율주행차량은 이런 종류의 사고를 일으키지 않는다. 물론 자율주행차량도 또 다른 문제와 한계가 있고 어떤 사고는 불가피할지도 모른다. 하지만 교통 제어 알고리즘이 갖춰지고 모든 차량이 이 알고리즘과 연동된다면 교통사고 사망자는 현저히 줄어들 것이다.

'일자리가 아닌 사람에 주목'해야 하는 이유

그럼에도 사람에 주목해야 하는 이유는 무엇일까? 미래에는 사라지는 일자리 못지않게 새로운 직종이 많이 생길 수 있지만 새로운 일자리는 지금보다 훨씬 고도의 창의력과 융통성을 요구할 것이다. 50세의 택배 기사가 쉽게 드론 조종사가 될 수 있을지는 잘 모르겠다. 설령 그럴 수 있다고 해도 기술 진보의 속도를 고려하면 얼마 지나지 않아 다시 다른 직업을 구해야 할지 모른다. 결국 드론 조종도 인간보다 기계가 더 적은 비용으로 잘하게 될 테니 말이다.

이러한 변화는 기존의 조직이 가지고 있던 직원 관리 시스템에도 격변을 예고한다. 과거에는 회사가 직원에게 기대하는 경력의 목표와 경로를 제공하는 일이 비교적 쉬웠다. 대학을 갓 졸업한, 똑똑하고 일할 의지가 있는 사람을 채용하고 적당한 업무를 배정한 후 은퇴할 때까지 수십 년 동안 회사가 제시한 목표를 달성하고 개인의 역량을 향상시킬 수 있도록 관리하면 됐다. 체계적으로 인적 자원 개발 계획을 세워 실행했다. 채용 이후 경력을 개발하도록 지원하면, 일부는 관리자와 임원이 되고, 일부는 전문가가 되며, 정체된 일부는 자연스레 조직에서 방출될 것이라 예상할 수 있었다.

하지만 오늘날 이 시스템이 무너지고 있다. 꾸준하고 안정적인 경력 상승의 시대는 끝이 났다. 회사는 이전보다 덜 위계적이며 위로 올라갈 여지도 줄었다. 갓 입사한 젊은 신입 직원이 경력이 높은 직원에게서 볼 수 없는 기술을 가지고 있기도 하고, 나이 든 사람들이 젊은 리더 아래서 일하기도 한다. 기술의 발전으로 인해 많은 직업, 기술, 능력이 빠르게 도태되고 있다. 기술이 빠른 속도로 진화하는 상황에서 이런 추세는 점점 더 가속화될 것이다.

더불어 기술의 진부화의 주기와 범위 또한 상상을 넘어서고 있다. 과거에는 특정 유형의 직업, 예를 들어 프로그래머나 IT 분야의 직업을 가진 사람에게만 지속적인 훈련과 기술 향상이 필요하다고 여겼다. 그러나 이제는 우리 모두가 지속적으로 새로운 기술, 도구, 시스템을 학습해야 한다는 데 공감한다. 특히 첨단기술 분야일수록 어제의 신기술이 순식간에 퇴물이 될 수 있다. 현재 소프트웨어 엔지니어는 인기 있는 직업 중 하나이지만 많은 이들이 가까운 미래에 코딩 작업이 자동화될 것이라 예견한다. 첨단 분야의 전문가들조차 격변의 영향하에 있는 것이다.

이제는 누구나 새로운 기술을 배우고, 보유한 기술을 보완하며, 다방면에 관한 지식을 갖추며 스스로를 발전시켜야 한다. 회사는 구성원들이 성장할 수 있도록 시간과 기회를 주고 적극적으로 지원해야 한다. 그렇지 않으면 직원들은 금방 회사를 떠날 것이다.

직장인들은 '학습과 성장 기회'를 생존과 번영을 위한 핵심 요건으로 꼽고 있기 때문이다.

스포츠를 예로 들어 미래 환경과 일자리에 대한 인식의 선명도를 보다 높여보자. 여기 조정, 래프팅, 서핑, 세 가지 수상 스포츠의 경기가 펼쳐지고 있다. 이 중 미래 인류의 직업 세계에서 벌어질 장면과 유사한 모습을 고르라면 당신은 무엇을 선택하겠는가? 조정인가, 래프팅인가, 아니면 서핑인가? 그렇게 생각하는 이유는 무엇인가?

조정 경기는 물살이 없는 곳에서 진행된다. 조정 경기장은 수면의 물흐름이 없는 저수지나 호수가 대부분이다. 조정 경기는 원칙적으로 물살이라는 변수를 통제한다. 파도가 이는 곳에서는 경기 자체를 진행할 수 없다. 경기에서 이기려면 선수들은 단합된 모습으로 최고의 근력을 발휘해 빠른 시간 안에 정해진 거리를 이동해야 한다.

따라서 조정 경기의 모습은 이렇다. 일단 선수들의 복장이 단순하다. 속도가 관건이므로 배의 모양은 저항을 최소화하는 형태이며 노의 생김새와 재질 또한 선수들의 근력을 극대화하도록 돕는다. 자리 배치가 독특한데 한 사람만 결승 지점을 바라보고 앉고 나머지는 출발 지점을 향해 있다. 다른 선수들은 도착지점을 볼 수

조정 경기에서 훌륭한 선수는 조타수가 제시한 방향을 정확히 인지하고 협동 정신과 최고의 근력을
발휘해 팀의 승리에 기여하는 사람이다.

없으므로 조타수만 믿고 한 마음으로 노를 저어야 한다. 조타수는
방향에 대한 결정적 영향력을 쥐고 선수들에게 옳은 방향을 제시
해야 한다.

경기 중에는 선수 간 말을 많이 하기 보다는 조타수의 말에 집
중하고 약속된 구호를 통해 행동의 일치를 꾀한다. 말할 힘조차도
노젓기에 쏟아부어야 하기 때문이다. 일사불란함을 위해 선수들
간 위계도 필요하다. 조정 경기에서 훌륭한 선수는 조타수가 제시
한 방향을 정확히 인지하고 협동 정신과 최고의 근력을 발휘해 팀

의 승리에 기여하는 사람이라고 할 수 있다.

　래프팅은 어떨까? 래프팅은 강 상류에서 하류로 내려오는 경기다. 조정 경기와 달리 급물살이 경기의 필수 조건이다. 결승점까지 빨리 내려가는 것만큼이나 무사히 경기를 마치는 것도 중요하다. 급물살과 암초 등 경기 중 위험 요소가 많고 이것들이 선수들에게 여과 없이 노출되기 때문에 안전모와 구명조끼를 반드시 착용해야 한다. 배는 PVC나 고무재질로 만들어져 충격에 강하고 방향 전환에 용이하도록 유선형으로 만들어진다. 이에 맞춰 노는 부러지지 않도록 짧고 강한 소재로 만든다. 다소 위험한 요소가 있지만 짜릿함이 있는 익스트림 스포츠다.

　래프팅은 모든 선수가 결승점이 있는 전방을 향해 있다. 따라서 선수들은 많은 대화를 나눌 수 있다. 어디서 어떤 급작스러운 상황을 맞이할지 모르기 때문에 모두 자기가 확인한 정보를 빠르게 알려 위험에 대비할 수 있도록 해야 한다. 선수 간에 어느 정도 위계는 있겠으나 성공적인 경기를 하는 데 있어 위계가 중요해 보이지는 않는다. 오히려 위계를 강조하면 소통의 벽이 생겨 팀 전체가 큰 위험에 직면할 수 있다.

　또한 모두가 결승점을 바라보고 있어 주인의식이 고양될 확률이 높다. 래프팅에서 훌륭한 선수란 돌발 상황에 대한 빠른 인식과 판단으로 주변과 적극적으로 소통하며 협업하는 사람이다.

마지막으로 서핑을 살펴보자. 앞의 두 경기와 확연히 달라 보인다. 우선 바다로 환경이 바뀌었다. 래프팅처럼 통제되지 않은 날것 그대로의 환경을 경기장으로 이용한다. 경기장이 더 광대하고 급물살도 세지만 무엇보다 거친 파도가 관건이다. (태풍이라도 올 것 같으면 이러한 어려움은 극에 달한다.) 선수들은 각자 따로 보드를 탄다. 온전히 자신의 몸으로 균형을 유지하며 파도를 이용해 동력을 얻는다. 공통의 목표는 따로 없다. 파도 없는 해변가에 이르기까지 탁월한 퍼포먼스를 이어가는 것이 중요하다. 그러다 보니 개

래프팅에서 훌륭한 선수는 돌발 상황에 대한 빠른 인식과 판단으로 주변과 적극적으로 소통하며 협업하는 사람이다.

인의 주도성과 역량이 조정 경기나 래프팅 선수보다 훨씬 뛰어나야 한다.

서핑의 단체전은 조정 경기나 래프팅에서 볼 수 있는 것과 다르다. 각자 플레이하되 조화를 만들어내야 한다. 소통과 협업의 형태도 다르고 차원도 다르다. 방수 이어마이크ear mike를 장착하고 긴밀히 소통하며 특유의 하모니로 퍼포먼스를 선사한다. 선수들 각자의 자율성이 있고 언제든 새 멤버와 새 팀을 꾸릴 수 있기에 결과의 독창성도 무궁무진하다. 여기에 선수 간 위계가 있을 수 있을까? 팀플레이 때는 리더의 역할이 있을 수도 있다. 하지만 전통적

서핑에서 훌륭한 선수는 최고의 서핑 기술과 창의력을 갖추고 누구와도 연결해서 퍼포먼스를 함께 만들어갈 수 있는 사람이다.

위계의 모습은 찾기 어렵다. 따라서 훌륭한 서핑 선수는 최고의 서핑 기술과 창의력을 갖추고 누구와도 소통하여 퍼포먼스를 함께 만들어갈 수 있는 사람이다.

어떤가? 이 세 가지 경기 중 무엇이 미래에 펼쳐질 직업 세계와 가장 가까울지 답할 수 있겠는가?

미래라는 파도에서 생존하려면

우리의 대선배들은 마치 조정 경기 선수들처럼 뛰어왔다. 결승점이 분명했고 승기의 요건이 분명했다. 변수가 없지는 않았으나 크게 영향을 끼칠 정도는 아니었다. 그렇기에 혜안을 지닌 리더의 지휘하에 협동심을 갖고 일사분란하게 일하면 됐다.

하지만 바통을 이어받은 우리는 조정 경기장에 있지 않았다. 경기장, 복장, 배 등 모든 조건이 바뀌었다. 결승점이 있다는 것 빼고 나머지는 다 바뀐 것이다. 급물살과 암초에 부딪혀 배가 전복되는 일이 빈번하게 발생하고 일등은커녕 생존 자체도 보장되지 않는 상황이 되었다. 누가 누구의 리더로 나서기도 애매한 상황이다. 획일적인 단합이나 특정인의 독단은 배에 탄 모든 이의 생존을 어렵게 만들 수 있기 때문이다.

겨우 이런 상황에 조금 익숙해지고 있는데, 안타깝게도 우리는 또 다른 경기장으로 내몰리고 있다. 환경은 더 광활해졌고 어디까지가 경기장인지 경계도 없다. 중요한 것은 잘 준비하지 않으면 이젠 아예 선수로 나설 수조차 없다는 사실이다. 이전까지는 배 한 번 타본 경험이 없더라도 열정과 마음가짐으로 어느 정도 연습하면 참여할 수 있는 기회가 주어졌다. 또 일단 배에 오르면 동료들과 협력했고 서로 격려하며 안심시켰다. 하지만 이제는 기본적으로 기술, 즉, 능력이 없으면 끼워주지 않는다. 각자 자기 보드를 가지고 파도와 겨뤄야 한다. 자신의 안전은 자신이 스스로 지켜야 한다.

서핑 경기는 마치 변화무쌍한 환경을 맞아 동분서주할 우리의 모습을 닮았다. 일단 서핑을 시작하면 파도가 물마루를 이룰 때까지 계속 탈 것이다. 그리고 해변가에 이르러 파도가 잠잠해지면 다음 파도를 타기 위해 다시 바다로 헤엄쳐 나갈 것이다. 다시 말해 새로운 일자리로 옮겨가기 위해 우리는 그 과정에서 자신을 재훈련하고 재교육해야 한다. 그런데 새로운 파도를 타는 것이 쉬운 일이 아니다. 궂은 날은 물론 사실 맑은 날조차 두렵고 떨리는 일이다. 각자의 생존이 달려 있기 때문이다.

이렇게 미래 직업 세계의 모습을 떠올리다 보면 우리가 놓치지 말아야 할 것 하나가 분명해진다. 우리가 보호해야 할 궁극의 목표는 사람이지 일자리가 아니라는 점이다. 초점이 일자리에 맞춰지면 피상적이고 근시안적인 미봉책들이 난무하며 우리는 그 속에서 일희일비하게 된다. 하지만 궁극적인 목표를 사람에 두면, 일자리 형태와 개수에 대한 집착에서 벗어나게 된다. 사람에게 집중하면, 여전히 인간만이 가지고 있는 차별화된 고유 영역이 무엇인가를 탐색하게 된다. 그리고 이로부터 파생되는 진짜 미래 일자리를 살피게 되는 것이다.

그렇다면 AI 고도화의 파도 속에서도 여전히 건재할 인간의 고유한 영역은 무엇일까?

인간이 가진 '창의創意'는 여전히 미래를 이끌 유일한 무한 자원이라는 점에 큰 이견이 없다. 창의는 '지금까지 없었던 의미를 만들어내는 것'을 말한다. 이전에 없던 것에 대한 주체적이고 생산적인 의미 부여가 바로 창의인 것이다. 즉, 의미를 부여할 수 없다면 우리는 기계와 다를 바 없다.

기계는 '의미'를 묻지 않는다. 감염의 위험을 무릅쓰고 환자를 돌보는 의료인들의 숭고한 정신에 대해 의미를 부여하지 못한다. 그저 환자와의 접촉 정도와 감염 확률과의 수치를 정교화하는 작업을 할 뿐이다. 유전자 조작 기술을 어떤 목적으로 이용할지에 대해 기계는 방향을 알지 못한다. 하지만 인류는 기술이라고 할 만한 것이 없었던 아주 오래 전부터 복잡하고 애매모호한 상황 속에서도 의미를 찾고 나아갈 방향을 만들었다.

예를 들어, 창의적이라는 것은 단순히 이전에 존재하지 않았던 비행기라는 물체를 발명하는 것에 그치는 것이 아니라 비행기를 통해 열릴 하늘길이 미래 세상에 어떤 가치와 의미를 만들어낼지 구상하는 것까지 포함한다. 그러니 AI 개발 기술을 보유하고 있다고 하여 그것만으로 훌륭한 인재로 보는 것은 편협한 생각이다. 이전에 없던 AI의 등장이 기존 세상에 몰고올 변화와 이 변화의 바람직한 의미 체계도 함께 제안할 수 있어야 제대로 된 진짜 인재다.

미래 인재에게 필요한 역량은 따로 있다. 미래를 지배할 새로운 의미 체계를 만들어내는 인간 본성인 '휴머니티humanity'와 탁월한 기술력으로 세상에 없던 것을 완성도 높게 만들어내는 능력인 '탤런트talent'가 융합된 역량, 바로 '휴탈리티hutality'가 이루어져야 비로소 우리는 미래와 마주할 주체적 동력을 얻을 수 있다.

그렇다면 이 휴탈리티의 실체는 무엇이며 우리는 이것을 어떻게 극대화할 수 있는가? 이 책은 바로 이 질문에 대한 답을 찾아가는 여정이다.

우선 전제되어야 할 것은 자신에 대한 깊은 '성찰'이다. 나를 미래의 주인공으로 등장시키기 위해서는 무엇보다 자신에 대한 성찰이 가치가 있음을 자각하는 것부터 시작해야 한다. 기계가 주체가 되고 우리 자신은 객체로 전락되는 상황에서는 동기나 동력이 생기지 않을 것이다. 기계가 주체가 되는 상황 속에서 우리가 발휘할 동력은 없다. 동력 없는 몰입을 상상할 수 있겠는가? 몰입 없는 곳에서 '인간 고유의 창의'라 부를 만한 것이 나오겠는가?

우리 각자가 가지는 인간의 고유함에 대한 본질적 성찰로부터 나오는 동력을 폄하하는 태도는 자신도 모르는 사이 우리 스스로를 역사의 주인공 자리에서 소외시키고 숱한 복잡성 속에서도 여전히 건재해온 최고의 동력 원천을 잃게 만들 것이다. 이제 휴탈리티를 찾고 인간 고유의 영역을 밝게 드러내야 한다.

이 책의 1부에서는 인재에 대한 편협한 인식을 지적할 것이다. 잘못된 인재상은 파편적 현상을 시대적 흐름이라 포장하고 그럴 듯하게 일반화하여 우리가 균형을 잃게 만들고 본질로부터 벗어나게 만든다. 이렇게 균형을 잃고 본질에서 멀어지면 우리는 약해지고 세상과 주체적으로 마주할 동력을 잃어버린다. 건강하지 못한 인재상이 우리를 어떻게 위축시키고 미래와 소통할 주체적 동력을 얼마나 떨어뜨리는지 그 실태를 낱낱이 드러낼 것이다.

2부에서는 우리가 미래에서 여전히 주연으로 서기 위해 당장 시작해야 할 것들을 제안할 것이다. 내 안의 휴탈리티를 밝히는 다섯 가지 습관에 대해 자세히 이야기한다. 사실 미래를 주도할 동력은 외부로부터의 자극을 주체적으로 소화할 때 비로소 싹을 틔울 수 있다. 그런데 속도와 효율이 중요했던 시대를 살아오면서, 밖에서 제시된 어떤 인재상에 맞추고 흉내 내느라 우리의 소화 능력은 퇴화했다. 더 늦기 전에 회복해야 한다. 이 다섯 가지 습관들은, 어떻게 외부의 수많은 자극들을 흉내 내지 않고 주체적으로 받아들일 수 있을지, 더불어 그것들을 어떻게 미래를 살아낼 경쟁력으로 연결할 수 있을지에 대해 힌트를 줄 것이다.

PART

진짜 인재의 조건

1

**어제의 인재가
내일의 인재일까**

성과를 만들어내는 3가지 요인

두 명의 야구선수가 있다. A선수는 고졸에 키는 175센티미터이고 3년 내내 주전 유격수로 활약하며 평균 2할 9푼 5리의 타율을 기록했다. B선수는 대졸로 키가 188센티미터이고 4년 중 2년 동안 주전 유격수로 활약했으며 평균 타율은 3할 1푼 8리다.

당신이 한 야구 구단의 스카우터라고 가정해보자. 두 선수 중 누구를 추천하겠는가? 추천 사유를 구단 의사결정권자에게 설명하는 모습을 상상해보라. 그를 어떻게 설득하겠는가?

누구를 추천하든 사실 설득하는 논지는 크게 다르지 않을 것이다. 지난 수년간 이 선수가 이런 결과를 냈으니 앞으로 우리 구단에서도 잘할 것이라고 생각하는 것이 대부분일 것이다.

하지만 정말 그럴까? 과거의 성과가 미래의 성과를 보장해줄 수 있는가? 장래에 크게 성장할 것이라고 생각했던 많은 이들이 조용히 사라진 경우를 우리는 수없이 목격해왔다. 왜 그럴까? 우리가 무엇인가 놓친 게 아닐까? 머릿속에 떠오르는 여러 질문들과 함께 그 진실을 만나보자.

최근 우리는 급변하는 환경에 그 어느 때보다 잘 적응하고 변화할 것을 요구받고 있다. 새로움 속에서 일의 의미를 지속적으로 발견하고 조직의 니즈를 확인해 이를 충족시킬 최적의 방법을 찾아내야 한다.

하지만 이런 문제를 해결할 능력을 갖춘 인재를 얻기란 쉬운 것이 아니다. 때문에 조직들은 일찍부터 이러한 인재를 찾는 노력을 시작하고 있다. 차이는 있지만 많은 기업이 현재 직급보다 2단계 이상의 직급을 수행할 수 있는 인재, 즉 장기적 관점에서 최소 5년 이상의 리더 역할을 할 수 있는 사람을 조직의 핵심 인재로 정의하고 지속적인 관리와 개발을 하고 있다. 하지만 이것이 핵심 인재를 선별하는 옳은 접근 방식일까? 다가올 비즈니스 상황을 예측해서 미래 리더의 역할을 정의하고 이에 걸맞은 역량을 갖춘 사람을 찾는 일이 과연 가능할까?

10년 후, 20년 후 세상이 어떻게 바뀔지, 어떤 지식과 기술이 필요하게 될지 정확하게 예측할 수 있는 사람은 아무도 없다. 그래서 많은 기업에서 현재 뛰어난 성과를 보이는 이들을 '미래 인재'로 삼는다. 앞서 과거 야구 전적을 바탕으로 미래 잠재력을 추정하고 이를 근거로 추천하는 것처럼 말이다. 하지만 말이 규정이고 추천이지, 미래를 예측할 수 없기에 점치는 수준에 불과하다.

과거의 성과 경험을 바탕으로 미래에도 여전히 높은 성과를 낼 거라고 기대하는 게 과연 타당할까? 과거에 높은 성과를 냈던 시간과 공간은 앞으로 성과를 낼 미래의 시간과 공간과는 다를 것이다. 환경이 달라지면 요구되는 역할과 역량도 달라져야 하는 법이다.

성과는 수많은 요인들이 얽히고설키면서 만들어지므로 쉽게 몇 마디로 분석하기는 어렵다. 하지만 이 이야기를 의미 있게 전개하기 위해 성과의 요인들을 축약해서 다음과 같이 정리할 수 있다.

$$성과 = f(역량 \times 기회 \times 여건)$$

성과에 영향을 끼치는 요소는 역량, 기회, 여건이라는 세 가지

범주로 분류할 수 있다. 높은 성과를 내려면 훌륭한 역량, 역량을 발휘할 많은 기회, 필요한 자원을 지원받을 수 있는 좋은 여건이 고루 갖춰져야 한다.

이 조건들의 관계는 더하기가 아닌 곱하기다. 그래서 어느 하나가 0이면 결과는 0이 된다. 역량은 준비돼 있으나 기회와 여건이 받쳐주지 않는 상황. 역량을 갖추었고 여건도 받쳐주지만 기회가 오지 않는 상황. 그리고 여건은 되지만 막상 역량이 준비되지 않아 찾아온 기회를 그대로 날리는 상황도 있다. 모두 성과를 낼 수 없는 환경이다.

진수성찬이 차려져 있어도 떠먹는 건 어쨌거나 자신이다. 떠먹을 자신의 동기와 의지, 신념을 바탕으로 관련 기술과 지식을 총동원하는 것이 바로 나의 역량을 준비하는 것이다.

어제의 인재가 미래의 인재는 아니다

성과 공식으로 돌아가 시제를 붙여보자.

어제의 성과 $= f($어제의 역량 $\times$ 어제의 기회 $\times$ 어제의 여건$)$

내일의 성과 $= f($내일의 역량 $\times$ 내일의 기회 $\times$ 내일의 여건$)$

이번에는 성과 공식에 공간을 붙여보자.

이곳의 성과 $= f$(이곳의 역량 × 이곳의 기회 × 이곳의 여건)

그곳의 성과 $= f$(그곳의 역량 × 그곳의 기회 × 그곳의 여건)

이제 시간과 공간을 합쳐보자.

어제 이곳의 성과

$= f$(어제 이곳의 역량 × 어제 이곳의 기회 × 어제 이곳의 여건)

내일 그곳의 성과

$= f$(내일 그곳의 역량 × 내일 그곳의 기회 × 내일 그곳의 여건)

어떤가? 어제 이곳에서 성과를 낸 사람들이 내일 그곳에서도 성과를 낼 수 있을까? 어제까지 잔디 구장에서 뛰어난 활약을 보여주며 축구를 하던 사람이 내일 생전 처음 접하는 흙바닥 운동장에서 그 명성을 이어갈 수 있겠는지 생각해보라.

시공간이 반영된 성과 공식을 따져보면 어제 이곳에서 성과를 낸 이가 내일 그곳에서도 성과를 낼 것이라는 말이 얼마나 낙관적이고 주관적인 기대였는지 단번에 알 수 있다. 내일이면 어제 뛰었던 잔디 구장이 흙바닥 운동장으로 바뀌고 잔디 구장에서 통했던 드리블과 패스, 슈팅 능력이 흙바닥 위에서는 통하지 않을 수 있다. 역량, 기회, 여건, 이 세 가지 모두 적절한 변화를 도모하지 않는다면 어제 이곳에서 성과를 냈어도 미래 그곳에서 지속적으로 성과를 내기 어려울 것이다.

우리는 통상 어제 이곳에서의 전적들을 보고 미래를 가늠한다. 어제 이곳의 성과는 내일 그곳의 성과를 점치는 데 필요한 참고 지표임에는 틀림없지만 충분하지는 않다. 과거, 현재, 미래라는 시간과 각각의 공간, 그리고 여기서 생기는 기회와 여건은 성과를 만들어내는 요소 모두에 입체적이고 복합적으로 영향을 미치기 때문이다. 어제 이곳의 인재가 아무런 노력 없이 미래 그곳의 인재로 순간 이동되는 일은 일어날 수 없다.

기술이 만들어내는 가치의 유효기간

오늘날 경쟁은 경계 없이 더욱 심화되었고 환경 변화는 방향과 속도를 예측할 수 없게 되었다. 특히 4차 산업혁명 시대를 맞아 전 분야에 걸쳐 인재의 역량을 무엇으로 정의하고 이를 어떻게 개발할 것인지가 매우 중요해졌다.

4차 산업혁명 시대는 지식과 기술을 바탕으로 한 초지능 superintelligence·초연결hyperconnectivity 사회로 불린다. 초지능·초연결 사회는 이전보다 지식과 기술의 중요성은 더욱 커지지만 그 지속기간은 급속히 줄어드는 상반된 특징을 동시에 가지고 있다. 즉, 지식과 기술에 기반한 부가가치 창출 기회는 모든 분야로 확대됐지만 환경 변화의 불확실성 증대로 가치 창출의 유효기간은 유례없이 짧아진 것이다.

산업화 이후 지금까지 우리는 특정 지식과 기술을 적극적으로 수용하고 이를 활용하여 부가가치를 창출했다. 그리고 그 효과를 비교적 오랜 기간 동안 유지할 수 있었다. 그러나 변화의 주기가 빨라진 4차 산업혁명 시대에는 매일매일 새로운 지식과 기술이 쏟아질 뿐만 아니라 지식 및 기술 간의 융복합이 빈번히 일어나기 때문에 기존 지식과 기술의 폐기와 새로운 지식과 기술을 민첩하게 수용하고 초연결을 통한 가치 창출 노력을 지속적으로 이어가야 한다.

이에 따라 4차 산업혁명 시대의 중심에 서 있는 우리는 배우고 learning, 배운 것을 폐기하고unlearning, 새로 배우는 것relearning을 지속할 수 있어야 한다. 빨라지는 역량의 진부화 주기를 능가하는 학습 주기를 만드는 능력이 요구되는 것이다.

그런데 여기서 한 가지 의문이 든다. '성과를 만드는 핵심요소인 역량은 이렇게 진부화를 이겨내는 학습을 통해서만 향상시킬 수 있는 것일까?' 다시 말해, '이른바 새로운 환경이 필요로 하는 기술역량을 지속적으로 업데이트하는 것만이 미래준비의 전부라 할 수 있을까?' '보다 궁극적이고 본질적인 준비도 필요한 것 아닐까?' 하는 것이다. 이 질문을 한편에 염두한 채 인재상 이야기를 나눠보자.

2

인재상 너머 '진짜 인재'를
알아보는 법

기업에서 추구하는 인재상

오늘날 기업과 기관들은 직원을 채용할 때 훨씬 더 넓은 선택권을 갖게 됐다. 입사 지원자들의 학력, 학점, 영어 점수, 인턴 경험 등 스펙이 점점 더 좋아지고 있기 때문이다. 그에 반하여 기업들이 공통적으로 하는 하소연이 있다.

"갈수록 변동성이 커져서 미래를 예측하기 어려운데, 이를 헤쳐나갈 창의융합형 인재를 찾기가 너무 어렵습니다."

창의융합형 인재는 대체 어떤 사람을 말하는 걸까? 우리나라는 세계 최고 수준의 학구열과 학력 수준을 자랑하는데 왜 창의융합형 인재가 없다는 것일까?

사전에서 찾아보면 인재란 '학식과 능력, 재주가 아주 뛰어난 사람'이라고 정의돼 있다. 이 개념을 사용하는 실제 현장에서 원하는 인재의 모습은 학식과 능력, 재주를 무엇으로 설정하느냐에 따라 수없이 다양하게 만들어진다.

다음 A, B, C, 세 회사가 추구하는 인재의 모습을 살펴보자.

〈A 게임소프트 회사〉

컴퓨터공학을 전공한 자로서 탁월한 프로그래밍 기술 및 설득적 소통 기술과 도전적 실행력이 있는 인재.

〈B 회계법인〉

공인회계사 자격증을 취득한 자로서 자본시장의 파수꾼이라는 사명의식과 전문가적 판단 능력을 보유한 인재.

〈C 백화점〉

학력과 전공 무관. 우수한 고객 응대 기술과 고객 불만 해소 능력을 보유한 인재.

이것을 '인재상人材像'이라 한다. 세 기업에서 정의한 인재의 모습은 다르다. 인재상은 보편적 개념인 '인재'를, 조직이 필요로 하는 구체적 학식, 재주, 능력을 반영해 기술한 문구나 슬로건이기 때문이다. 그러다 보니 인재상은 보편적이고 본질적인 것이라고 볼 수 없고 인재상에서 제시하는 바를 통해 인재가 보유하고 있는 진정한 능력을 가늠하는 것이 쉽지 않다. 전공, 학위, 성적, 자격증 등은 객관적 지표로 이용되지만 생각만큼 학식, 재주, 능력을 잘 대변하지 못한다. 그것만 가지고는 실제 일을 통해 성과를 낼 수 있는지 여부를 판단하기 어렵다는 뜻이다. 필요하지만 충분하지는 않다. 그렇기에 기관이나 조직들은 전공, 학위, 성적, 자격증 이외에도 업무에 필요한 능력을 가늠하게 해주는 지표들을 찾고 이를 구체적으로 제시하기 위해 온갖 노력을 다한다.

이런 와중에 때마침 역량competency이라는 구원투수가 등장했다. 역량 개념은 1970년대 초 하버드 대학교 심리학 교수 데이비드 맥클러랜드David McClelland가 주창하면서 알려졌다. 그는 역량이 '보통 사람과 고성과자High performer를 구별해주는 행동들을 설명하는 특성'이라고 제시했다. 이 개념은 '실제 우수한 성과를 내고 있는 사람은 성과 창출 과정 중에 보통 사람들과는 다른 행동을 보일 것'이라고 전제한다. 전공과 학위, 자격증에 연연하지 않고 실제 일하는 현장에서 확인되는 징표들을 기준으로 삼겠다는 것이다. 우수한 이들이 성과를 낼 때 드러내는 면모들을 인재상으로 제시하면 일반 사람들이 따를 만한 좋은 지향점이 된다는 논리다. 꽤 솔깃하다. 1970년대는 IQ가 인재를 판별하는 기준이었다. 따라서 이러한 역량 개념의 등장은 큰 파장을 일으켰다.

많은 학교, 기관, 조직들이 고성과자의 역량을 고려해 인재상을 만들고 이를 기준으로 삼고 있다. 회사가 지정한 분야의 해당 역량을 일정 이상의 수준으로 보유하고 있는 사람, 즉 그들이 정의한 인재상을 충족하는 사람을 인재로 정의한다. 하지만 여기에도 한계가 있다.

다음은 역량의 본질에 대해 알아보자.

역량을 기르는 '본질'

역량은 단순개념이 아니라 기술skills, 지식knowledge, 태도attitudes, 가치values, 욕구needs, 기질traits의 여섯 가지 영역으로 구성된 복합개념이다. 역량을 판단하기 위해서는 이 여섯 가지 영역의 수준과 영역 간 연계 정도를 살펴야 한다. 그런데 이 여섯 가지 영역은 객관적으로 확인이 가능한 것부터 내밀한 것까지 포괄하고 있다. 이 여섯

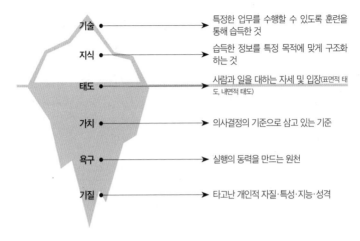

기술 ● ━━━━━━━━ 특정한 업무를 수행할 수 있도록 훈련을 통해 습득한 것

지식 ● ━━━━━━━━ 습득한 정보를 특정 목적에 맞게 구조화 하는 것

태도 ● ━━━━━━━━ 사람과 일을 대하는 자세 및 입장(표면적 태도, 내면적 태도)

가치 ● ━━━━━━━▶ 의사결정의 기준으로 삼고 있는 기준

욕구 ● ━━━━━━━▶ 실행의 동력을 만드는 원천

기질 ● ━━━━━━━▶ 타고난 개인적 자질·특성·지능·성격

역량의 6가지 요소

가지 요소를 빙산으로 표현하면 다음 그림과 같다.

일반적으로 수면 위로 나온 빙산의 비중은 약 14퍼센트 정도다. 기술과 지식, 그리고 겉으로 드러나는 표면적 태도가 여기에 해당한다. 특정 기술과 지식의 습득 여부는 비교적 객관화하여 확인할 수 있다. 하지만 수면 경계에 있는 태도는 싫지만 좋은 척, 좋지만 싫은 척할 수 있어 숨기기로 작정한다면 객관적으로 진위를 파악하기는 어렵다. 수면 아래에 위치한 가치, 욕구, 기질은 객관적으로 드러나기는커녕 어떤 가치에 따라 의사결정을 하고, 어떤 욕구로 동기부여하며 어떤 기질을 가지고 있는지 자기 자신도 제대로 모를 수 있다. 심지어 잘못 알고 있는 경우도 많다. 이처럼 역량은 수면 위로 드러나 비교적 객관적인 확인이 쉬운 영역이 14퍼센트, 수면 아래 있어 객관적인 확인이 쉽지 않은 영역이 86퍼센트를 차지하고 있다.

우리의 역량 상태를 알기 위해서는 이 여섯 가지 요소에 대한 이해가 있어야 한다. 그래야 부족한 부분을 채우기 위해 어떠한 노력이 필요할지에 대한 계획을 세우고 실행할 수 있다. 하지만 현실적 딜레마가 여기에서 시작된다. 역량의 요소가 여섯 가지로 많기도 하지만 수면 아래의 비중이 높다 보니 당장 겉으로 드러난 영역만 개발하려는 유혹에 빠지기 쉬운 것이다. 빙산의 윗부분으로 갈수록 외부의 자극에 의해 고치거나 개발하는 것이 쉽고 결과 또한 객관적인 확인이 가능하다. 하지만 빙산의 아랫부분은 외부 자극에 의해 개발되는 것이 아니라 자신의 내면에 대한 성찰로 개발이 시작된다. 외부 자극을 주체적으로 흡수하여, 의미 체계system of meaning를 지속적으로 고도화해야 하는 고난도의 여정이다. 이 여정도 어렵지만 변화 결과 또한 객관적으로 제시하기가 쉽지 않다.

이것은 왜 우리가 표면적 변화만을 통해 전체 역량 향상을 도모하는 것인지 설명한다. 개인이든 조직이든 빠른 시일 내에 가시적인 결과가 드러나기를 바라기 때문이다. 가성비가 기준이 된다는 말이다. 이렇게 되면 효과보다는 효율성 추구에 더 비중을 둘 수밖에 없다. 하지만 수면 아래의 영역인 가치, 욕구, 기질에도 몰두해야 한다. 이 영역은 사실상 우리가 일, 관계, 삶에서 근본적 동력을 재생산해내는 영역이기 때문이다. 또한 내가 왜 그런 의사결정을 하는지 또 왜 이렇게 말하며 왜 저렇게 행동하는지에 대한 근거와 관련되어 있다. 따라서 이것에 뒷받침되지 않는 기술, 지식, 표면적 태도는 실제 성과를 내는 행동에서 몰입과는 거리가 멀 수밖에 없다.

기술, 지식, 표면적 태도는 말 그대로 '빙산의 일각'에 불과하게 되는 것이다. 동력 수준도 낮고 지속성도 떨어질 수밖에 없다. 눈에 잘 띄는 14퍼센트의 역량으로 전체를 바꿔보려는 것은 동력의 본질은 건드리지 못하고 변죽만 울리다 마는 결과를 초래한다. 많은 인재상이 여기에 천착하고 있음을 목격하게 된다. 이것이 가장 크고 고질적인 문제다. 우리 대부분은 지금껏 이렇게 자기계발을 해왔다.

3
잃어도 되는 능력과
지켜야 하는 능력

진짜 인재를 검증하는 2가지 조건, 기술 역량과 해석 역량

우리는 현상에 해당하는 인재상을 넘어서서 본질에 해당하는 인 재 개념에 더 집중할 필요가 있다. 다음과 같이 질문해보자.

"인재라면 누구나 갖추고 있어야 하는 본질적 역량은 무엇일까?"

이 물음에 답하기 위해서는 단순히 직업 영역에서 뿐 아니라 우리가 삶을 살아가는 데 필요한 통합적인 역량이 무엇인지 생각 해볼 필요가 있다. 우리가 삶을 잘 살아가기 위해서는 두 가지의 역량이 반드시 있어야 한다. 하나는 '기술 역량', 다른 하나는 '해석 역량'이다.

기술 역량은 외부로부터의 지식을 습득하여 필요한 경우 행동으로 옮길 수 있을 정도로 능숙해진 능력을 말한다. 아는 것이 능숙하게 행동으로 이어지지 않으면 성과로 연결될 수 없다. 즉, 아는 것에 그치지 않고 실제로 원활히 활용할 수 있어야 한다.

이 기술 역량은 다시 두 가지로 나뉜다. 하나는 추상적인 개념, 즉 정보나 지식을 관장하고 처리하는 '인지성'이며, 다른 하나는 알고 있는 것을 필요할 때 행동으로 구현할 수 있는 '기능성'이다. 따라서 인지성과 기능성이 잘 연합된 상태가 바로 기술 역량이다. 기술 역량은 일을 통해 안정적 생계를 유지하는 데 직접적으로 필요한 역량이다. 사회가 발전함에 따라 지식과 기술도 업데이트되기 때문에 새로운 지식과 기술을 인지하고 습득하는 과정 역시 계속 업데이트돼야 한다.

해석 역량은 경험으로부터 자신과 세상에 대한 의미 체계를 만들고 이를 통해 변화에 주체적으로 대응해나가는 능력을 말한다. 경험을 통해 세상과 바람직한 관계를 맺어왔다는 것은 앞으로 새롭게 출현할 것들과도 건설적인 관계를 정립할 수 있다는 뜻이다. 경험이 쌓일수록 자신을 더욱 객관화하고, 타자와의 관계 속에서 균형을 잡는다는 것은 세상에 대한 의미 체계를 구상할 수 있음을 뜻한다. 그리고 의미 체계를 세울 수 있다는 것은 이전에 없던 것에 대한 존재 이유와 이전에 가보지 않은 길에 대해 바람직한 방향을 주체적으로 제시할 수 있다는 말이다.

이런 해석 역량은 '감수성'과 '감지성', 두 가지로 나뉜다. 경험은 내외부의 자극을 받아들이고 느끼는 것, 즉 '감수sensing'이고 경험에 의미를 부여한다는 것은 내외부의 자극을 관찰하고 다양한 데이터를 축적하여 그 연관성을 찾아내 적용하는 것, 즉 '감지sensemaking'다. 따라서 감수성感受性은 세상에서 일어나는 복잡하고 다양한 변화를 받아들이는 섬세한 촉觸과 같다. 주변 상황을 예의 주시하며 바람직한 변화를 위해 필요한 경험들을 식별하고 수용하는 능력이다. 그에 비해 감지성感知性은 복잡하고 애매모호한 상황에서도 의미를 만들고 연결하는 연금술사와 같다. 경험으로부터 유의미한 메시지를 찾고 이를 축적해 의미 체계를 만드는 능력이다. 해석 역량은 이 감수성과 감지성이 잘 연합되어 나타나는 능력이라 할 수 있다.

내가 학부 전공으로 철학을 선택했을 때, 부모님 외에 내 결정을 반겨준 이는 없었다. 사실 부모님도 수락만 해주셨을 뿐 반기지는 않았다. 하지만 당시 분위기로는 그만해도 감사한 일이었다. 지인들이 한결같이 왜 하필 철학이냐, 앞으로 생계를 어찌할 작정이냐며 걱정을 많이 했다. 난생처음 주체적으로 결정한 사항인데 주변 사람들의 반응에 위축되지 않을 수 없었다. 하지만 주변 반응에 의한 흔들림은 딱 철학입문 수업 시간 전까지였다. 폴란드 출신의 논리학 거장이자 철학자인 보헨스키Bocheński가 이렇게 말해주었기 때문이다.

"철학은 인류에게 빵을 만들어줄 수는 없다. 하지만 왜 빵을 만들어야 하고 만들어진 빵을 어떻게 분배하며 어디에 사용할지에 대한 의미 있고 가치 있는 이야기를 들려줄 수 있다."

주변 사람들에게 해주고 싶었던 말이 바로 이거였다. 입에서만 맴돌았던 그 말을 보헨스키가 똑부러지게 말해주었다.

세상에 빵을 만들어내는 것이 기술 역량, 빵이 세상에 주는 의미 체계를 구축하는 것이 해석 역량이다. 기술 역량이 데이터, 알고리즘, 생명공학을 통해 보다 나은 AI를 만들어내는 데 집중한다면 해석 역량은 만들어질 AI와 우리와의 관계는 어떠해야 하며, AI를 어떤 용도로 왜 사용하는지 그리고 어떻게 사용할지를 논의하고 결정하는 능력이다. 기술 역량이 우리의 욕구를 충족시키는

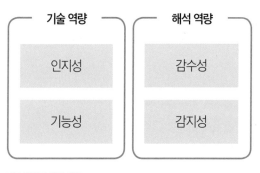

기술 역량과 해석 역량

것에 대한 것이라면, 해석 역량은 우리의 어떤 욕구가 얼만큼 충족되는 게 바람직한지에 대한 것이다. 기술 역량을 재주가 많은 것에 비유한다면, 해석 역량은 지혜가 많은 것에 비유할 수 있다.

이렇게 보면 해석 역량은 기술 역량에 비해 상대적으로 직업 세계에서는 잘 드러나지 않는 것처럼 느껴질 수 있다. 하지만 기술 역량과 해석 역량은 분리되어 있지 않다. 서로 공고히 연계되어 직업 세계를 포함한 우리 삶 전체에 영향을 미친다. 특히 해석 역량은 기술의 의미와 한계를 제시함으로써 삶의 질과 방향을 제시하는 데 기여한다.

여기서 다음 질문이 자연스럽게 떠오른다.

"만약 두 역량 중 어느 하나만 있다면 어떻게 될까?"

"둘 중에 한 역량만 선택해야 한다면 무엇을 선택할 것인가? 왜 그런가?"

잠깐 기술 역량과 해석 역량을 앞서 살펴본 빙산에 대입해보자. 수면 위로 보이는 기술, 지식, 표면적 태도가 기술 역량과 관련된 영역이라는 것, 그리고 수면 아래에 있는 내면적 태도, 가치, 욕구, 기질은 해석 역량과 관련된 영역이라는 것을 알 수 있다. 온전한 역량은 이처럼 수면 위 기술 역량과 수면 아래 해석 역량의 완전체인 것이다. 단순한 물리적 결합 상태가 아니라 서로 밀접한 화학적 연합을 이루어야 제대로 된 역량이 된다. 기술 역량은 'what'과 'how', 해석 역량은 'why'와 관련된다. 'why'가 해갈된 사람은 'what'과 'how'를 주체적으로 결정해나갈 수 있다. 즉, 해석 역량을 갖춘 사람은 변해가는 환경에 대응할 기술 역량을 주도적으로 자신에게 맞게 최적화해나갈 동력이 있다. 하지만 해석 역량 없는 기술 역량은 사상누각에 불과하다. 의미[why] 없는 일[what]을 열심히[how] 할 사람은 이 세상에 없다. 해석 역량에 기반하지 않고 기술 역량만 부각된 인재는 그래서 부실할 수밖에 없다.

진짜 인재는 기술 역량과 해석 역량을 균형 있게 장착하고 있

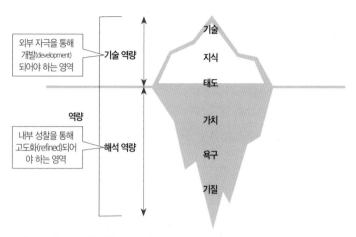

외부 자극을 통해 개발(development) 되어야 하는 영역 ─ 기술 역량

역량

내부 성찰을 통해 고도화(refined)되어 야 하는 영역 ─ 해석 역량

기술
지식
태도
가치
욕구
기질

역량의 6가지 요소와 기술 역량 및 해석 역량

는 사람이다. 발전하는 지식과 기술을 잘 받아들여 실제 상황에서 자연스럽게 활용할 수 있는 사람, 계속 변화하는 상황 속에서 자신과 세상이 맺어야 할 유의미한 관계를 주체적으로 형성해나가는 사람이 바로 인재이기 때문이다. 이는 특정 인재상에 따라 변하거나 수정되지 않는, 아니 그래서는 안 되는 인재의 근본적 정의다.

그런데 최근의 상황을 보면 인재상들이 오히려 인재의 본질을 훼손하고 있는 것 같다. 기술 역량과 해석 역량 사이에서 균형을 잃고 있는 것이다.

요즘 인재상에서 함의하고 있는 역량은 대부분 기술 역량을 말한다. 최근 많은 국가들이 '스템STEM'에 기반한 지식과 빅데이터의 개념에 집중하며 이러한 분야의 전문가만을 인재라 인정하는 것 같다. 스템은 과학science, 기술technology, 공학engineering, 수학mathematics의 첫 글자를 딴 합성어다. 1990년경 과학기술 분야 융합형 인재 육성을 표방하며 미국으로부터 시작된 미래 교육 지향점인데 마치 유일한 미래 인재상이자 요구 능력의 모든 것처럼 제시되고 있다. 이러한 스템이 다소 이공계 영역에 치우쳐 있다는 관점을 받아들여 예술art 영역을 추가한 스팀STEAM으로 소개되기도 했다. 하지만 여전히 기술 역량 중심의 기조가 더 강해지는 모습이다. 최근 미국에서는 실리콘밸리를 중심으로 STEM+C를 새로 발표했는데 여기서 C는 computational thinking, 즉 컴퓨팅 사고력이다. 이제 생각도 '컴퓨터스럽게' 하자는 것이다.

물론 스템이 지향하는 기술 역량 기반 인재 양성은 인간의 불완전함을 보완하고 보다 큰 경제적 가치와 성과로 연결하는 것에는 매우 부합하는 것 같다. 하지만 기술 역량에 대한 편향은 인재의 본질은 물론 역량 그 자체에 대해서도 왜곡된 생각을 가지도록 몰아갈 수 있다. 기술 역량에 대한 집착은 복잡하고 다양한 변화 속에서도 생존과 번영을 위해 필요한 의미 체계를 만들어왔던 인간 고유의 타고난 해석 역량을 등한시하고 균형을 잃은 인재의 모습을 양산할 수 있기 때문이다.

미래지향적이며 모방 불가능한 메타역량

이와 같은 기술 역량 중심의 인식은 4차 산업혁명 시대로의 전환이 몰고온 역량에 대한 두 가지 관점 변화를 제대로 이해하지 못한 결과다. 하나는 요구되는 역량의 변화이고, 다른 하나는 역량 개발 방식의 변화다. 최근까지 많은 기업들은 노동자의 현재 직무 수행에 적합한 지식, 기술, 태도를 향상시키기 위해서 체계적이고 구조적으로 훈련개발을 실시해왔다. 그러나 기업이 처한 환경이 급변하고 예측이 불가능해짐에 따라 기업의 경쟁력을 결정짓는 요소로써 현재보다는 미래, 모방 가능한 특징보다는 비모방성 특징이 주목받기 시작했고, 이에 따라 기업에서 요구하는 역량과 이를 개발하기 위한 학습방식이 크게 변화되었다.

2005년, 툴루즈 비즈니스 스쿨 교수 프랑수아즈 들라마레-르데이스트Françoise Delamare-Le Deist와 리즈 대학교 비즈니스 스쿨 조너선 윈터튼Jonathan Winterton 교수는 이러한 미래지향성 그리고 비모방성 특징에 초점이 맞춰진 역량으로 메타역량metacompetency을 제시했다. 기업에서 바라보는 지식, 기술, 태도로 구별되는 기존의 역량을 각각 인지적, 기능적, 사회적 역량으로 보고 이러한 지식, 기술, 태도 자체를 갱신하는 역량을 메타역량으로 제시한 것이다. 실질적 역량을 습득하기 위한 잠재 역량으로서 메타역량은 변화무쌍한 환경 속에서 현재는 물론 미래에 새롭게 요구되는 지식, 기술, 태도를 탐지하고 이를 민첩하게 학습하는 역량을 뜻한다. 이른바 '역량에 관한 역량'이다. 이로 인해 메타역량은 쉽게 모방하기 어려운 비모방성 인재의 모습을 만드는 데 핵심 요소로 여겨진다. 또한 메타역량은 인지적 측면을 부각하여 표현한 메타인지와는 달리 인지적 측면과 비인지적 측면 모두에 내재되어 있는 다차원적 역량으로 조망되고 있다.

특정 상황과 환경, 특정 이슈나 문제해결을 위해 사용했던 지식, 기술, 태도는 상황과 환경이 변함에 따라 더 이상 가치 창출에 기여하지 못하게 된다. 따라서 기존 역량을 폐기하고 새로운 상황과 환경에 적합한 지식, 기술, 태도를 빠르게 습득하고 유연하게 적용하는 메타역량은 4차 산업혁명 시대에서 필수적인 역량으로 볼 수 있다. 더욱이 변화가 잦은 기업 환경에서 지식자산을 통해 지속적으로 부가가치를 창출해야 하는 지식노동자들에게는 더욱 핵심적인 역량이라 할 수 있다.

그렇다면 기술 역량과 해석 역량 중 메타역량의 역할을 하고 있는 것은 무엇인가?

이를 위해 다음 한 가지를 확인해 보자. 혹시 진부화의 주 대상이 되는 역량이 무엇이라고 생각하는가? 바로 기술 역량이다. 기술 역량은 해석 역량에 비해 진부화에 상대적으로 더 취약하다. "그 기술 최신이야?"라는 말 앞에 늘 주눅이 든다. 하지만 해석 역량은 이 질문에 흔들리지 않는다. 해석 역량은 "최신이야?"보다는 "최적이야?"를 두려워하며 "적합한 거야?", "바람직해?", "맞는 방향이야?", "왜 그래야 해?"라는 질문에 도전한다.

그런데 아무리 해석 역량이 뛰어난 사람이 있다 해도 그가 '로봇'을 만들 수는 없다. 로봇을 만들려면 기술 역량이 필요하다. 그러다 보니 AI 시대에 걸맞게 기술 역량이 마치 역량의 전부인 양 주목받고 있다. 하지만 해석 역량은 로봇이 무엇을 위해 어떻게 사용돼야 하는지, 혹시 있을지 모를 부작용은 무엇인지, 이를 줄이기 위해 어떤 사회적 합의가 필요한지를 담당한다. 그리고 미래에 어떤 방향으로 진보해야 할지를 고민한다. 그렇기에 진부화에서 자유롭다.

늘 최신을 좇는 기술 역량에는 방향과 의미가 꼭 필요하다. 기술 역량 자체는 방향이 없으며 의미 중립적이기 때문이다. 이 방향과 의미는 해석 역량이 제시해야 할 영역이다. 기계, 기계학습, 데이터, 알고리즘에 매혹된 현대의 세태로 기술 역량을 역량의 중심,

심지어 역량의 전부인 듯 간주하고 있지만 결코 해석 역량을 홀대해서는 안 된다. 이 해석 역량이 곧 메타역량이기 때문이다.

우리에게는 기술 못지않게, 아니 그 이상으로 우리 자신과 세상을 객관화해서 인지하고 의미 체계를 구성함으로써 방향을 제시해 그 결과를 해석하는 힘이 필요하다. 인류 역사를 보라. 기술의 진보보다 세상과 삶에 의미를 부여하는 일이 더 먼저였다. 기술보다 해석이 먼저다. 그렇기에 해석 없이 기술의 의미 있는 진보는 없다. 둘 중 무엇을 더 근본적이고 우선적인 것으로 봐야 할까?

"요즘 사람은 많은데 인재가 없다."

이 말을 다시 살펴보자. 맞는 말이다. 업데이트된 기술 역량을 보유한 사람은 많다. 하지만 기술 역량은 인재의 전부가 아니다. 동전의 양면처럼 인재의 다른면에는 해석 역량이 있다. 이 해석 역량에 대한 인식이 결여된 채로 인재의 역량을 평가하거나 가늠해서는 안 될 일이다.

지금까지 우리는 역량이란 개념을 통해 흔히 제시되는 인재상이 진짜 인재의 본질을 망각하게 할 수도 있음을 살펴봤다. 이런 현상은 미래 무대에서 당당한 인재로 건재하려는 우리의 의지를 약하게 만들 수 있다. 그러니 제대로 된 인재란 누구인지 바로 보는 눈이 무엇보다 필요하다.

4

우리가 아직 기계에게
넘겨주지 않은 것

AI가 만들 계급 사회

우리가 직면한 최대의 위기는 기계를 개발하는 데는 기꺼이 많은 투자를 실행하는 반면 변화를 해석하고 이를 새로운 의미 체계로 통합하는 능력을 개발하는 데는 지나치게 인색하다는 것이다. 적어도 AI의 개선에 투자하는 돈과 시간만큼 해석 역량을 개발하고 이를 극대화하는 데 투자하는 것이 현명하지 않을까?

우리의 돈과 시간은 기득권자들이 요구하는 것에 쓰인다. 부모와 교사들은 아이의 교과목 성적이 오르기를 바라지만, 정작 아이가 학교, 학원, 성적, 자신의 미래 등에 어떤 의미를 부여하고 있는지는 별 관심이 없다. 직장 상사는 빨리 결과를 가져오라고 닦달하지만, 부하직원들이 매일 반복되는 일에 어떤 의미를 부여하고 있는지는 별 관심이 없다. 그 결과 우리는 학교와 회사 정문에서 영혼을 빼고 입장한 후 퇴근할 때 빼놓은 영혼을 장착한다.

우리는 더 이상 민첩하지도 않고 호기심도 별로 없다. 거대한 데이터 처리 메커니즘 안에서 막대한 양의 데이터를 생산하며 아주 효율적인 칩으로 기능하는 길들여진 인간일 뿐이다. 길을 가다가 주위를 둘러보면 거의 모든 사람들이 스마트폰만 보고 있다. 스마트폰을 사용하는 동안 자신에 대한 많은 데이터를 생산하여 전송하지만 인간 고유의 해석 능력은 점점 더 힘을 잃어가고 있다. 데이터는 인간 고유의 해석 능력을 극대화해야 할 이유를 모른다.

만일 이러한 상황이 지속된다면 양질의 해석 능력 없이 다운그레이드된 미래 인간이 업그레이드된 AI를 이용해 자신과 세계에 재앙을 초래할 수도 있다. 그렇게까지는 안 된다고 하더라도 AI가 유례없는 불평등 계급사회를 만들 수도 있다.

모든 부와 권력은 AI를 소유한 극소수 엘리트의 손에 집중되고 이들은 새로운 미래 상류층을 형성할 것이다. 현재는 AI 관련 기술력이 있지 않아도 중산층으로 살아갈 수 있지만 미래에는 AI를 유지·보수하는 기술력을 가지고 있어야만 높은 소득을 유지하며 살아갈 수 있다. 이 새롭게 등장한 기술 계층이 새로운 미래의 중산층이 될 것이고, 그 외 대다수 사람들은 생체 알고리즘의 해킹 대상으로 전락할 것이다. AI의 거대한 알고리즘 속에 편입되어 끝없이 자신의 데이터를 제공하면서 그럭저럭 살아가는 것이다. 이들이 새로운 미래 하류층이다.

새로운 미래 하류층이 끊임없이 제공할 생체 데이터가 있다면 그나마 다행이다. 하지만 그나마도 필요 없어지고 미래 사회의 생산과 소비 전반에 전혀 연관이 없어지면 상류층의 도움 없이는 살지 못할 수도 있다. 생사여탈의 결정권이 타인에게 넘어가는 것이다. 우리가 기계보다 우위에 있는 영역을 발굴하고 이를 부각시키지 못한다면 이런 파국을 피할 뾰족한 수는 없다.

인간 고유의 영역

다행스럽게도 앞서 살핀 바와 같이 한 가지 희망은 있다. 우리에게는 아직 기계에게 넘어가지 않은 한 가지 능력이 남아 있다. 육체적 능력을 비롯해 이제는 문제를 해결하는 인지적 능력 또한 기계에게 자리를 거의 다 내주고 있다. 하지만 경험을 해석하고 평가해서 의미 체계를 구축하는 능력은 인간 고유의 영역으로서 아직 건재하다. 경험 자체는 중립적이어서 데이터화가 가능하다. 하지만 경험의 해석과 평가, 의미 부여는 운 좋게도 아직까지 인간 고유 전유물이다.

앞으로 우리가 결정을 내릴 때 지금보다 알고리즘에 더 많이 의존하겠지만, 아직까지 알고리즘은 원인만 충실히 좇고 그 결과를 제시하려 할 뿐 그렇게 되거나 행동하는 이유에는 관심이 없다.

삶의 의미, 밤새워 일하는 이유, 대의명분 등은 여전히 인간의 영역이다. 따라서 기계의 엄청난 능력에도 불구하고, 인간의 해석 능력에 어느 정도 의존하는 기계가 사용될 것이다.

내재화 vs. 내사화

앞서 의미 체계를 만들어내는 능력을 해석 역량이라고 했다. 이 해석 역량은 감수성과 감지성이 연합해 만들어내는 능력이다. 우리는 경험으로부터 유의미한 메시지를 감지하고 이 메시지들을 연결해 의미 체계를 구축하며, 의미 체계는 다시 새로운 경험에 대한 감수성을 풍부하게 하는 선순환의 고리를 만든다.

그런데 이 선순환을 만들기 위해 우리가 유념해야 할 매우 중요한 것이 있다. 의미 체계를 만들어내려면 외부에서 오는 경험의 신호를 주체적으로 인식하고 해석해서 자기만의 의미로 완전히 전환해야 한다. 이것이 내재화internalization다. 찾은 의미가 내재화되지 않는다면 진정한 행동의 변화와 실천은 없다. 이 내재화에 대해 좀 더 살펴보자.

내재화는 외부 자극과 경험을 행동 변화로 연결하는 과정으로 표현할 수 있다. 즉, 외부로부터 바람직한 모습과 역할을 깨달아 알맞은 자리를 찾아가는 것이다. 인간에게는 태생적으로 성장과 발달을 향한 심리적 욕구가 있다. 따라서 내재화는 인간이 주도적으로 외부의 것을 내부의 것으로 전환하는 과정이라고 볼 수 있다.

예를 들어 아이가 쓰레기를 버리라는 부모의 요구를 점차 자기 것으로 받아들여 나중에는 요구하지 않아도 알아서 분리배출까지 하게 된다면 이는 부모의 요구를 내재화한 것이다. 어떤 직원이 "문제를 기존과 다른 관점에서 보라."는 리더의 이야기를 받아들여 나중에는 별도의 지시 없이도 문제를 다양한 관점에서 보게 된다면 그는 리더의 조언을 내재화한 것이다.

이렇듯 내재화는 외부에서 바로 주어지는 게 아니라 스스로 직접 이루는 것이다. 아이는 부모가 제안한 책임을 받아들였고 직원은 리더의 조언을 받아들였다. 부모와 리더는 매우 큰 영향력을 가지는 외부 환경요소이지만 내재화를 실제로 이루는 주체는 어디까지나 본인 자신이다.

여기서 한 가지 유념해야 할 점이 있다. 내재화와 유사한, 아주 그럴싸한 개념인데 바로 '내사화introjection'다. 내사화는 내재화되지 않았음에도 불구하고 그런 척하는 것으로서 겉으로 드러난 모습만으로는 내재화와 구분되지 않는다.

심리학자 프리츠 펄스Fritz Perls는 내사화는 뭔가를 소화하기보다 그대로 삼켜버리는 것이라고 했다. 내사화에는 내재화의 적절한 형태인 '소화 흡수' 과정이 없는 것이다. 엄격한 기준과 지침에 그저 허둥지둥 복종하는 상황이라면 내사화가 일어난 것이다. 이런 상태에서는 자율적으로 행동할 토대가 마련되지 못한다. 자율적으로 움직이려면 조직에서 제시되는 가치, 기준, 지침을 자기 것으로 받아들이고 자신의 일부로 만들어야 한다. 자아와 통합돼야하는 것이다. 이런 통합 과정을 거친 후에야 비로소 중요하지만 당장 본인에게 흥미롭지 않은 행동, 즉 충분히 동기부여되지 않은 활동조차 책임질 수 있게 된다.

하지만 내사화는 내재화의 겉모습을 흉내 낼 뿐 주체적이고 자율적인 진정성이 결여돼 있다. 진정성이 없으면 오래 지속할 동력이 없다. 실행도 겉핥기식이다. 외부의 통제와 관리, 평가를 주로 의식하며 이것이 실행의 유일한 동력이기 때문에 내사화로는 본질적인 변화와 성장을 이룰 수 없다.

그렇다면 내재화가 잘되지 않고 내사화로 빠지게 되는 이유는 무엇일까? 내재화와 내사화의 갈림길에서 결정적 트리거trigger 역할을 하는 것은 바로 '자기 의미로의 전환'의 여부다. 자기 의미로 전환했다는 것은 무엇일까? 우리가 무언가를 의미 있게 받아들였다는 것은 대체 어떤 과정이 일어났다는 것인가? 바로 '가치판단', '사실적 기준 확립', '구체적 행동 지침화'의 세 가지 과정을 통해 일어난다. 우리가 의식하지 못하지만 사실 이 세 가지 과정이 있어야 의미 있게 받아들인 것이 된다.

이 말은 곧 외부로부터의 자극이나 경험을 완전히 자기 의미로 전환하기 위해서는 가치판단, 사실적 기준, 행동 지침이라는 세 가지로 탄탄하게 구성돼 있어야 함을 의미한다. 내사화는 세 가지 중 어느 하나라도 결핍이 된다면 나타나는 증세다.

한 가지 예를 살펴보자. 북극의 이누이트Innuit 집단에서는 인간 생명의 시작을 이름이 부여된 순간으로 간주한다. 아기가 태어나면 가족들은 한동안 이름을 짓지 않는다. 왜냐하면 기형아로 태어났거나 경제적 어려움이 있어서 아기를 기르지 않기로 결정하면 거리낌 없이 아기를 죽이기 위해서다. 그들은 이름을 지어주기 전에는 인간으로 간주하지 않기 때문에 그렇게 해도 살인이라고 보지 않는다. 물론 그들도 우리와 똑같이 인간의 생명은 소중하고 살인은 끔찍한 범죄라고 생각한다. 그럼에도 인간 생명의 시작에 대한 사실적 기준이 우리와 다르기 때문에 우리는 상상하기도 힘든 영아살해가 행해지는 것이다.

이에 반해 우리가 일반적으로 가지고 있는 사실적 기준은 어떠한가? 우리는 이누이트 사람들처럼 인간 생명의 시작을 작명으로 인식하지 않는다. 세부적인 견해 차이는 있을 수 있으나 우리는 대체로 태어난 시점부터 인간 생명의 시작이라고 본다. 심지어 태어나기 전 태아일 때도 생명으로 보는 경우가 대부분이다. 우리나라에서 영아 유기를 형사처벌하는 것이 그 증거다. 인간 생명을 존중하는 가치판단은 동일하다. 하지만 인간 생명의 시작을 언제로 보

이누이트 사람

- **가치판단:** 인간 생명 존중
- **사실적 기준:** 인간 생명의 시작은 이름이 부여되는 시점이다.
- **행동 지침:** 기형아로 태어났거나 경제적 어려움 때문에 키우지 않기로 했다면 작명 전까지는 아기를 죽일 수 있다.

한국 사람

- **가치판단:** 인간 생명 존중
- **사실적 기준:** 인간 생명의 시작은 출산되는 시점이다.
- **행동 지침:** 기형아로 태어났거나 경제적 어려움 때문에 키우기 어렵더라도 일단 태어난 아기는 함부로 죽일 수 없다.

고 있는가의 기준이 다르기 때문에 이누이트 사람과 우리는 너무도 다른 행위를 용인하게 된다.

이처럼 특정 가치판단은 사실적 기준 및 행동 지침과 명확하게 연동되어 있을 때 비로소 영향력이 생긴다. 문제는 대부분의 경우 이 가치판단 문구만을 제시하며 의미 부여를 시도하는 데서 온다.

인재상을 가지고 이야기해보자. 인재상이 내용 측면에서 기술 역량 편향 오류가 있음을 앞서 살펴 보았지만 이뿐 아니라 인재상을 표현하고 소통하는 구조와 체계적 측면 또한 이슈가 있다.

구성원의 창의력이 중요하다고 말하는 조직이 있다. 하지만 창의력 발휘가 중요하다고만 할 뿐 창의력 발휘가 어떤 것인지에 대한 사실적 기준이 명확히 제시되지 않는다면 구성원들은 각자가 창의적이라고 생각하는 것을 알아서 발휘하려 할 것이다. '창의력이란 무엇인가'와 관련해 장님 코끼리 만지기식의 창의 프로젝트가 직원 수만큼 진행될 것이다. 파국적 결말은 사실적 기준이 명확히 제시되지 않은 상태에서 구성원들이 각자 행동하고 그 결과를 평가하려는 데서 온다. 사실적 기준은 평가의 기준과 연관되며 행동 지침은 평가 항목과 연관된다. 그런데 사실적 기준은 제시되지 않았고 실천은 자의적으로 제각각 진행된 상태라면 무엇을 근간으로 어떻게 평가하겠다는 것인가? 어디든 마찬가지이지만 조직의 평가는 메시지를 주는 행위다. 메시지를 형성하는 기준과 과정이 명확하지 못하면 그 메시지는 정당한 권위를 잃고 만다.

'창의력이 뛰어난 인재'가 되자며 직원들을 독려하고 싶다면 가치판단, 사실적 기준, 행동 지침, 세 가지 모두를 제시해야 한다.

<창의력이 뛰어난 인재>

- 가치판단: 인간이 의미 있는 가치를 만들 수 있는 최상위 능력은 창의력이다.
- 사실적 기준: 우리 조직에서 창의란 문제를 대하는 새로운 관점이다.
- 행동 지침: 문제해결을 위해 세 가지 관점에서 다르게 보고, 기존의 것을 두 가지 이상 조합하라.

가치판단 문구는 대부분의 인재상이 가지고 있다. 하지만 문제는 사실적 기준과 행동 지침의 부재이거나 설령 있다 하더라도 애매모호하다는 데에 있다. 가치판단 문구로만 제시된 인재상으로는 직원들은 제대로 의미부여를 할 수 없다. 이 세 가지 요소가 누락 없이 모두 제시되고, 명확히 제시되어야 하며, 한 방향으로 정렬되는 것이 중요하다.

내 안의 해석 능력을 끌어올려라

내사화한 인재상에는 '주체적인 나', '변화의 동력을 가진 나'는 없다. 혹시 지금껏 그랬듯이 앞으로도 내사화로 그럭저럭 버틸 수 있을 것이라고 막연히 생각하고 있는가? 미래 환경은 지금까지와 달리 그 복잡성과 변동성이 예사롭지 않다. 지금까지는 외부의 변화를 잘 받아들인 것처럼 그럴싸하게 포장하는 것이 가능했을지 모르지만 지금은 외부 변화가 질적, 양적 측면에서 이전과 비교도 안될 만큼 달라졌다.

이미 살펴본 바와 같이 내사화는 외부 변화를 소화한 척, 얼렁뚱땅 삼키는 잔재주에 불과하다. 그렇기에 영역과 대상이 복잡하게 얽히면 소화불량이 발생할 수밖에 없다.

반면 내재화는 외부 변화를 주체적으로 소화한 상태다. 소화 능력이 있기 때문에 외부 변화 영역과 대상이 늘어나고 다양해져도 소화 능력이 좋아진다면 얼마든지 대응 가능하다. 따라서 미래의 인재 후보 테스트를 통과하기 위해서는 내사화라는 잔재주를 부릴 생각 말고 내재화를 위한 본질적 소화 능력, 즉 해석 역량을 끌어올려야 한다.

그렇다면 어떻게 이 해석 역량을 향상시킬 수 있을까? 해석 역량이 잘 발휘된 종국의 상태는 내재화다. 즉, 외부 자극과 경험을 감수와 감지의 과정을 치열하게 거쳐 자기 의미로 전환한 상태다. 그런데 외부 자극과 경험을 자기 의미로 전환하는 것은 사실 인류 역사의 시작부터 우리가 해왔던 일이다. 과학기술을 발전시키기 훨씬 전부터 이미 해왔던 익숙한 영역의 일인 것이다. 다만 과학기술이 이끄는 요즘 세상은 의미가 부여되기도 전에, 해석이 끝나기도 전에 엄청난 양의 기술들이 쏟아져나온다는 게 문제다. 의미 부여나 해석은커녕 변화하는 현상에 대한 이해 자체도 버겁다. 기술이 발표되고 그 기술이 반영된 상품이나 서비스가 나온 뒤에나 관련 법을 입안하는 모습들이 바로 그런 풍경이다.

의미 체계 속에서 기술들이 개발되고 자리를 차지하면 좋으련만 기술이 중심이 된 현대 사회는 의미가 갖춰지길 한가롭게 기다려주지 않는다. 데이터, 알고리즘, AI의 진보를 좇아 너무 늦지 않게 의미와 방향을 정해갈 수만 있어도 성공으로 간주될 판이다. 쉽지 않으니 포기하고 아예 시도조차 하지 않으려는 상황으로까지 온 듯하다.

상황이 이렇다 보니 우리 안에 있던 해석 역량은 엄청나게 쪼그라들고 쇠약해지고 있다. 자주 사용하지 않아 세상에 대한 감수성이 떨어지고 둔해진 것이다. 감수성이 약해지면 의미를 추출해

내재화하는 감지성 또한 힘을 잃는다.

해석 역량은 마치 우리 인체의 간과 같다. 아파도 아픈지 잘 알지 못한다. 상하고 있어도 당장은 잘 느껴지지 않는다. 하지만 계속 방치될 경우 결과는 치명적이다. 사용한 만큼 고도화되지만 사용하지 않으면 시들어버린다. 급기야 없어도 사는 데 지장이 없겠구나 싶을 정도로 존재감이 없어진다. 이는 철학 없이도 사는 데 크게 문제될 것 없다고 생각하는 것과 다르지 않다. 의미나 해석이 추상적이고 거추장스러우며 허황된 사치 같다고 느껴진다면, 그리고 이 세상을 기술 역량만 가지고도 충분히 살아갈 수 있다고 생각한다면 우리의 해석 역량이 병들어가고 있다는 징후다.

지금까지 이야기를 도식화하면 다음에 나오는 도표와 같다.

심리학자 리처드 라이언Richard Ryan과 웬디 그롤닉Wendy Grolnick이 로체스터 대학교에서 진행한 연구를 보면 내재화의 중요성은 물론 미래에 절실히 요구되는 우리의 모습이 어떠해야 할지 판단하게 해준다. 이들은 초등학생의 숙제하기가 가치와 규칙을 내사화한 결과인지, 스스로 내재화한 결과인지를 평가했다. 또 교사에게는 학생이 각자 어느 정도 동기부여됐는지 표시하게 하고, 학생에게도 학교생활을 얼마나 열심히 하는지 스스로 평가하게 했다.

그런데 아쉽게도 교사의 평가나 학생의 자기평가로는 학생의

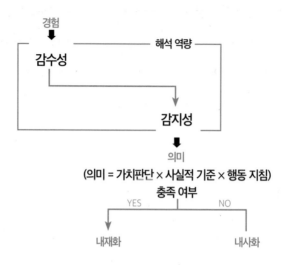

감수성

감지성

(의미 = 가치판단 × 사실적 기준 × 행동 지침)
충족 여부

YES   NO

내재화   내사화

내재화와 내사화

동기부여가 내사화의 결과인지, 내재화의 결과인지 직접적으로 알 수 없었다. 규칙을 내사화한 정도가 높은 학생은 교사에게도 동기부여 점수를 높게 받았고 본인도 동기부여가 잘되어 있다고 생각했기 때문이다. 또한 내사화를 한 경우든 내재화를 한 경우든 학생은 모두 학교생활을 열심히 한다고 응답했다. 스스로 내재화인지 내사화인지 판단하지 못하는 것을 여기서 알 수 있다.

그러나 같은 결과가 나오는 건 거기까지였다. 내사화 정도가 높은 학생은 시간이 지남에 따라 학교에 대해 거부감을 드러냈고,

실패한 경험에 대해 부적응 현상을 보였다. 반면 내재화 정도가 높은 학생은 더 즐겁게 학교생활을 했고, 노력했지만 기대했던 만큼 성과를 거두지 못해도 건강하게 받아들였다. 과연 미래는 어떤 학생을 더 중요한 인재로 생각하게 될까?

5
이제는
휴탈리티밸리다

진짜 인재의 속성

정보기술과 생명기술의 놀라운 진보에 대해 이해하고 나면 이제
우리는 다음과 같은 질문을 떠올리게 된다.

"그래서 그다음은 무엇이란 말인가?"

"경제적 풍요와 기술 발전이 가져다준 힘으로 우리는 무엇을 해
야 하는가?"

"우리는 미래에 무엇이 될 것인가?"

"미래의 삶의 의미는 무엇인가?"

"우리와 세상의 관계는 어떻게 되는 것인가?"

결국 우리에게 남겨진 과업은 나와 세상에 대해 보다 더 나은 의미를 만드는 것이다. 미래에 나설 유력한 후보는 바로 이 의미 체계를 만들어내는 사람이다. 이 후보에게는 기술이 이끄는 미래의 환경 변화를 이해하는 것은 물론 이것들을 해석하고 새로운 의미 체계로 통합하는 능력이 있는지 검증의 시간이 주어질 것이다.

우리는 모두 미래의 주인공이 될 가능성을 가지고 있다. 그 가능성은 바로 해석 역량이다. 해석 역량의 감수성과 감지성은 외부에서 조달되는 것이 아니라 이미 우리가 가지고 있는 속성이자 타고난 능력이기 때문이다.

인류의 삶이 시작되고 세상과 상호작용을 시작할 때부터 우리는 세상의 새로운 것들을 대할 때마다 의미를 묻고 내재화하여 끊임없이 해석을 내놓았다. 그 해석들이 쌓여 의미 체계를 이루고 그 의미 체계들은 법, 제도, 사조, 학문의 형태로 구현되어 삶의 진보와 성장을 이끌었다. 그게 해석의 힘을 발휘했던 우리 본연의 모습이다. 전혀 낯선 이야기가 아니다. 당장 우리 옆에 있는 아이들을 보라. 가르치지도 않았는데 묻고 따지고 해석하는 일을 게을리하지 않는다. 해석 역량을 충만히 발휘하는 인간 본래의 모습이다.

그렇기에 해석 역량을 키우는 것은 사그라진 내 안의 것들에 등불을 켜는 것과 같다. 비대해진 기술 역량으로 잘 보이지 않게 된 인간의 해석 역량에 등불을 밝혀야 한다. 기술 역량과 해석 역량이 균형을 갖춘 모습이 진짜 인재의 속성, 즉 휴탈리티다.

고도화된 역량의 성지, 휴탈리티밸리

우리는 점점 더 인간의 행동에 의미와 해석이 있음을 간과하고 있다. 데이터의 상관성에만 집중하는 모습이 이를 입증한다. 맥락 없는 사실들이 빅데이터란 이름으로 어마어마하게 집적되고 있다.

이런 데이터를 통해 실제 특정한 상황에 대한 진실을 얼마나 깊게 이해할 수 있을까? 데이터와 알고리즘은 오로지 객관성을 내세우며 미처 준비 안 된 우리를 미혹하여 맹신하게 만든다. 하지만 빅데이터는 인간에 대해 특정 사실을 말해줄 수 있을 뿐 인간에 대한 귀중한 진실은 거의 말해주지 못한다.

AI를 진보시키기 위한 메카가 실리콘밸리라면 미래 인재로서 우리 자신을 진보시키기 위한 메카도 필요하다. 나는 이를 '휴탈리티밸리Hutality Valley'라 부르고자 한다. 이곳은 인간만이 가지고 있는 의미와 해석 능력을 통해 완성되는 휴탈리티의 성지다.

최근 AI 판사가 등장해서 화제가 된 적이 있다. 발트해의 진주라 불리는 국가 에스토니아는 세계 최초의 인터넷 전자투표 실시에 이어 AI 판사 도입 역시 세계 최초로 선언했다. 당장은 7,000유로, 한화로 약 1천 만 원 정도의 소액 재판에 100명의 AI 판사를 투입하는 것을 검토중이라고 발표했는데 우려되는 점이 많다. 법을 바탕으로 유권해석을 한다는 것은 사건의 상황을 이해하고 복잡함 속에서 의미를 찾아낼 수 있는 다양한 관점으로 해석할 수 있음을 말한다. 이는 해석 능력에 해당하며 인간이 기계에 비해 여전히 우위를 가지고 있는 영역의 것이다. 하지만 이제 이 영역에 대해서조차 기계의 도전이 시작되고 있는 것이다.

심지어 같은 혐의로 재판을 받을 때도 판사의 법 해석에 따라 양형이 달라지니 AI 판사가 더 공정할 것이라고 기대하는 여론도 만들어지고 있다.

이제는 더 미룰 수 없다. 해석 역량과 기술 역량이 균형을 갖춘 휴탈리티를 통해 미래를 이끌어가야 한다. 지금 바로 자신에게 다음 질문들을 해보자.

"내 안의 해석 역량은 현재 어느 정도 수준인가?"
"이전에 경험하지 않았던 어떤 상황도 거뜬히 받아들일 수 있는가?"

"휴탈리티 역량을 키우기 위해 당장 시작해야 하는 것들은 무엇인가?"

이제 우리의 여정은 우리 안에 침잠해 있는 휴탈리티 역량을 어떻게 키울 수 있는지 탐색하는 것이다. 나는 이 탐색의 핵심이 될 다섯 가지 습관을 제안할 것이다.

준비됐는가?

PART **2**

휴탈리티를 밝히는
5가지 습관

1
오직 내 안의 소리에
귀를 기울여라

보상과 내적 동기부여

지금은 동물 보호를 위해 물개 쇼, 돌고래 쇼 등이 폐지되었지만 예전에는 서울어린이대공원에 가면 물개 쇼를 볼 수 있었다. 정해진 시간이 되면 먹이통을 든 젊은 조련사가 나와 관객의 환호를 받으며 쇼를 펼친다. 조련사의 역할은 물개에게 보상을 주는 것이다. 굶주린 물개에게 생선을 한 마리씩 주면 물개는 훈련받은 대로 재롱을 부린다. 지느러미로 박수를 치고, 관객에게 지느러미를 흔들며 인사도 하고, 몸을 구부려 물속에 뛰어들기도 한다. 조련사들은 물개에게 보상을 주며 재롱을 이끌어낸다. 물개 쇼를 보면 물질적 보상이야말로 뛰어난 동기부여 기법이라는 생각이 든다.

이 동기부여 기법은 더할 나위 없이 간단하다. 상대가 원하는 행동을 했을 때 보상을 해주면 그 행동이 반복될 확률이 높아진다. 하지만 행동을 유도하는 데 있어 이게 정말 효과가 있다고 단언할 수 있을까? 그렇게 간주하기에는 무리가 있다는 사실이 물개 쇼에서도 드러난다. 조련사가 사라지는 순간 물개 쇼도 끝나기 때문이다. 조련사가 퇴장하면 더 이상 물개는 지느러미로 박수를 치지 않고, 관객에게 지느러미를 흔들며 인사를 건네지도 않는다. 이렇듯 물질적 보상은 어떤 행동을 할 가능성을 높일지는 모르지만 그 행동은 보상을 줄 때만으로 국한된다.

다음은 서울어린이대공원의 물개를 춤추게 한 원칙들이다. 이 원칙들을 잘 살펴보자.

- 특정한 행동을 한 직후 보상을 준다.
- 처벌보다는 보상에 초점을 맞춘다.
- 보상을 할 때는 일관된 원칙에 따른다.

이 원칙들은 미국의 심리학자 버러스 프레더릭 스키너B. F. Skinner 의 행동주의behaviorism에서 비롯되었다. 스키너의 행동주의는 심리학자들은 물론 보통 사람들에게도 많이 알려져 있다. 보상을 얻기 위해, 특히 돈을 벌어 성공하기 위해 노력한다는 것은 자본주의 사고방식에 안성맞춤이었다. 사회에 더 많은 통제가 필요하다는 믿음도 행동주의와 잘 맞아떨어졌다. 학교와 기업에서는 성적에 등급을 매기고 상을 만들어 사람들이 공부하고 성과를 내게 한다는 것을 환영했다. 무엇을 해야 하는지 말해주고 순종할 때 보상하면 편리하기 때문이다.

사회심리학자 배리 슈워츠Barry Schwartz도 이러한 생각을 지지했다. 인간은 기본적으로 수동적인 존재이며 보상을 받거나 처벌을 피할 기회가 주어질 때만 반응을 보인다는 것이다. 그런데 정말 우리가 그런가? 두 심리학자들이 주장한 행동 원칙에는 공통의 조건이 깔려 있다. 인간이 스스로 동기를 창출할 수 있다는 점을 크게 중요하게 생각하지 않는다. 하지만 이런 원칙은 우리가 어린 시절 집이나 유아원에서 끊임없이 주변 사물을 탐색했을 때를 생각하면 잘 맞지 않는다.

오랜 시간 붉은털원숭이를 연구해온 심리학자 해리 할로Harry Harlow를 통해 이 중요한 질문의 답을 찾아보자. 원숭이는 기발하고 장난기 넘치는 놀이를 쉴 새 없이 하는 활력 넘치는 동물이다. 신나게 뛰어다니고 다른 원숭이에게 물건을 던지거나 얼굴을 찡

그리며 활발하게 시간을 보낸다. 그렇다고 의미 없는 놀이에만 관심을 쏟으며 기운을 소진하는 것은 아니다. 걸쇠와 고리, 경첩이 달린 상자를 우리 안에 넣고 원숭이를 한 마리씩 들여보내면 어김없이 큰 관심을 보인다. 어떻게 하면 상자가 열리는지 알아내고는 다시 잠근다. 그러고는 열고 닫기를 몇 번이나 반복한다.

이 행동에는 아무런 보상도 없었지만 원숭이들은 문제해결에 매달렸다. 어찌 보면 즐기는 것 같았다. 할로는 '내재적 동기intrinsic motivation'라는 용어를 통해 원숭이들이 상자 열기에 매달려 몇 시간씩 보내는 이유를 설명했다. 그것 자체가 행동의 보상이 된다는 것이다. 원숭이의 왕성한 활력은 외부가 아닌 내부의 동기, 호기심에서 나오며 외부 보상이 없어도 충분했다.

어린 시절 인간은 스스로 더 알기 위해 도전했다. 그리고 그 자체를 즐겼다. 맥없이 기다리다가 보상이 주어지면 수동적으로 학습에 참여하는 존재가 아니었다. 능동적으로 학습 과정에 기꺼이 뛰어들었다. 내부에서 나온 동기였으며 여기서 에너지와 활력이 나왔다. 하지만 성장하면서 우리는 주변에 대한 호기심과 열의를 잃고 말았다.

내 큰딸의 어렸을 적 별명은 '택배 킬러'였다. 집에 배달된 택배란 택배는 모조리 가장 먼저 뜯어봤기 때문이다. 성인이 된 딸에게 그때 왜 그랬냐고 물었더니 그저 궁금해서 견딜 수 없었다고 한다. 물론 지금은 남의 택배에는 관심이 없다.

인간에게는 대체 무슨 일이 일어난 걸까? 호기심과 학습 욕구를 타고난 것은 분명해 보이는데 세월이 지나면 그저 자연스럽게 사라져버리는 것일까? 그 어렵다는 취업 전선을 뚫고 남들이 부러워하는 회사에 입사했으나 어느 순간부터 변화를 두려워하고 새로운 학습을 등한시하게 되는 건 왜일까? 나는 어쩌면 그 원인을 조련사의 보상이 사라지면 더 이상 공놀이하고 박수치며 재롱을 선보이지 않는 물개의 모습에서 찾을 수 있지 않을까 하고 생각해 보았다.

그러고 보니 조련사들이 물개에게 사용했던 보상책을 나도 큰딸에게 사용했던 것 같다. 모든 부모는 자기 아이가 독서를 좋아하기를 바랄 것이다. 취학 전에 독서 습관이 생긴다면 더할 나위 없이 기쁠 것이다. 나 역시 교육 환경 조성을 운운하며 큰아이의 방 벽을 모두 책장으로 병풍 두르듯 꾸몄었다. 예상대로 아이가 이 책 저 책 펼치며 책과 친해지는 것 같은 모습을 보였다. 뭘 보고 있는지, 제대로 보는 건지는 알 수 없었으나 어쨌든 일단 좋은 습관을 들이게 해준 것 같아 뿌듯했다.

그렇게 얼마 지난 후 욕심이 생겼다.

"책 읽는 습관은 들인 듯하니 이번에는 독서량을 늘려보자."

'내 아이 독서광 만들기 2차 프로젝트'를 시작한 것이다. 방법은 간단했다. 한 권 읽을 때마다 상금을 주는 것이었다.

결과가 어땠을까? 효과 만점이었다. 일단 책을 붙들고 있는 시간이 늘었고 읽는 책의 양이 늘었다. 일주일에 한두 권 예상했는데 보상책을 사용한 이후 대여섯 권으로 늘어났다. 게다가 책을 읽는 속도도 빨라졌고 책 읽는 시간도 늘어났다. 한 시간이 지나면 지루해하던 녀석이 두 시간을 버텨냈다. 그렇게 한 달쯤 지나자 놀라운 결과가 나왔다. 독서 시간은 더 이상 늘지 않았지만 읽은 책은 열 권으로 늘어난 것이다.

"독서 신동이 나왔다!"

"양도 늘고 속도도 빨라졌으니 내용을 이해하는 독서 능력이 향상된 게 분명해."

하지만 알고보니 읽은 책이 늘어나고 속도가 향상된 것은 독서력 향상에서 온 것이 아니었다. 독서력이 늘어났기를 기대했는데 그게 아니었다. 진짜 원인은 생각지도 못한 데 있었다. 아이는 얇고 쉬운 책만 골라 읽었던 것이다. 꾀를 부리는 모습에 기가 막혀 일단 웃고 넘어갔지만 이내 씁쓸해졌다.

독서 습관과 이해력 향상이 본래의 목적이었는데 결과는 왜 이렇게 됐을까? 분명 보상책은 처음에 잘 들어맞는 것 같았는데 무엇이 문제였을까? 당근으로 사용했던 상금이 혹시 독이 되어 역풍을 맞은 게 아닌가 걱정이 됐다. 그래서 정확한 원인을 찾기 위해 상금 액수를 줄여봤다.

"아빠, 요즘 돈이 없어? 왜 상금이 줄었어?"

"응. 미안. 아빠가 저축을 좀 더 많이 해야 해서 그래."

줄어든 상금에 좀 의아한 표정을 지으며 삐죽거렸지만 곧 이해라도 한 듯 책 읽기를 이어갔다. 하지만 독서 시간과 독서량은 늘지 않았고 유지하는 수준이었다. 그러다 나는 상금을 아예 중단해버렸다.

"이제 아빠가 더 이상 돈이 없구나. 미안하다. 이제 상금 없이도 책 잘 읽자, 알았지?"

"아빠, 나도 이제 다른 거 할래. 많이 해서 재미없어."

그 후 나는 무기력감과 자책감으로 꽤나 시달려야 했다. 이 상금 제도를 다른 누군가가 아니라 아빠인 내가 제시했기 때문이다. 개인적으로 우울한 경험이었지만 인간을 움직이게 만드는 동력에 대해 좀 더 깊은 고민을 하는 계기가 되었다.

잠깐 정리해보자. 상금을 건 보상책은 분명 아이에게 강력한 동기부여 요소가 되었다. 모은 상금으로 원하는 장난감과 간식을 살 수 있었기 때문이다. 하지만 독서 자체가 주는 즐거움은 상금 때문에 손상되었다. 책 읽기와 즐거움 사이에 상금이 끼어든 것이다. 독서의 즐거움이 상금의 즐거움으로 대체되다가 결국에는 대부분 상쇄됐다. 그러다 보니 누가 가르치지도 않았는데 얇고 쉬운 책만 골라 읽는 편법을 자가학습했다. 어린아이가 어떻게 그런 발칙한 발상을 할 수 있었을까?

아이가 원한 것도 아니고 아이는 그런 연결고리 자체에 대한 인식도 없었다. 아이에게 독서의 즐거움을 느끼게 해주고 싶어서 도입한 상금이란 보상책이 결과적으로는 아이가 내적으로 가지고 있었을 '독서=즐거움'이라는 연결고리를 파괴하고 만 것이다. 이를 깨달은 나는 본래의 독서=즐거움이라는 연결고리를 회복시키기 위해 상금을 서서히 줄여나가다 없앴고 '독서=상금=즐거움'이라는 연결고리를 철회하려 했다. 그러나 아이는 독서=즐거움이라는 연결고리를 회복한 것이 아니라 회피하게 되었다. 내가 무기력감에 시달린 이유는 바로 여기에 있다.

물개에게 행동 자극제가 되었던 조련사의 물고기, 아이에게 행동 자극제가 되었던 나의 상금은 사실 물개와 아이가 그 행동을 즐기도록 만드는 내적이고 본질적인 핵심요소가 아니라 외부에서 영향을 받은 그저 보상을 위한 것이었다. 이것이 물개가 가지고 있던 공놀이=즐거움, 박수=즐거움이라는 내부 본연의 연결고리에 껴들어 훼손시켰다. 또한 아이가 본래 가지고 있던 독서=즐거움이라는 내부 연결고리에 껴들어 이를 훼손시켰다.

다행히도 큰아이는 자라면서 점진적으로 상금이란 단물을 뺀 독서 본연의 즐거움을 회복했다. 천만다행이었던 것은 상금이 없어지자 책 읽기를 회피했던 큰아이에게 내가 화를 내지 않았다는 것이다. 감정 섞인 어조로 책 읽기를 채근했다면 왜 책을 읽어야 하는지에 대한 자기 의미화 능력에 큰 훼손을 입었을 것이기 때문이다. 아이는 해석 역량이 향상되면서 자신에게 상금이란 외부 자극이 크게 의미 없음을 자각했다. 상금이 있건 없건 필요한 책을 필요한 때 알아서 읽음으로써 누리는 즐거움에 대해 감수성과 감지성을 회복한 것이다.

거짓 자아를 버려라

물개와 아이 이야기를 조금 일반화하면 다음과 같은 질문을 해볼 수 있다.

"외부로부터의 어떤 자극이, 우리를 움직이는 최고의 트리거가 되도록 허용해도 되는 것일까?"

"우리의 판단과 행동에 영향을 미쳐도 될 괜찮은 자극이라는 게 있을까? 있다면 무엇일까?"

"본질을 놓치지 않도록 해주는 신뢰가 가는 트리거는 무엇인가? 이것은 밖에서 들어오는 것인가, 아니면 안으로부터 나오는 것인가?"

심리학자들은 우리의 판단과 행동을 결정하는 것이 욕구라는데 큰 이견이 없다. 이 욕구가 우리의 판단과 행동을 이끌어내는 강력한 원인, 즉 트리거가 된다는 것이다. 욕구는 크게 외적 욕구와 내적 욕구로 나뉜다. 외적 욕구는 외부에서 오는 것으로 '부에 대한 욕구', '명예에 대한 욕구', '신체적 매력에 대한 욕구' 등이 대표적으로 꼽힌다.

이 외적 욕구들의 핵심적인 특징은 이것이 다른 목표, 다른 욕구를 이루기 위한 도구로 이어진다는 것이다. 돈은 권력과 재산 소유로 이어지고, 명예는 새로운 기회를 가져온다. 외모가 아름다우면 주변에 사람들이 많아질 수 있다. 외적 욕구의 이런 도구적 측면은 누구에게나 매우 유용하기 때문에 외적 욕구를 부인하거나 거부하기 어렵게 만든다.

내적 욕구는 우리 내부에서 나오는 것으로 '자기 존중 욕구', '자기 성장 욕구', '자율성 욕구', '관계 욕구' 등이 있다. 즉, 의미 있는 존재로 인정받으며 영향력 있는 모습으로 성장하고 싶은 욕구, 성숙한 개인이 되려는 욕구, 만족스러운 인간관계를 맺으려는 욕구 등이다.

물론 영향력 있는 사람과 인간관계를 맺으면 더 많은 기회가 생기고, 성숙한 일원으로서 공동체에 공헌하고 명예를 얻는 등 다른 욕구를 성취하는 데 이익이 된다는 점에서 외적 욕구처럼 도구적인 성격이 없지는 않다. 하지만 반드시 결과 획득과 연결돼야만 만족하는 외적 욕구와 달리, 내적 욕구는 결과 획득과 상관없이 그 자체만으로도 만족감을 느낀다는 면에서 근본적으로 차이가 있다.

내적 욕구를 충족시킨 만족감은 그 결과가 또 다른 결과로 이어졌느냐와는 크게 상관이 없다. 앞서 물개의 경우, 공놀이와 박수가 물고기라는 결과 획득과 연결돼 있었고, 딸아이의 경우, 독서가 상금이라는 결과 획득과 연계돼 있었다. 물고기와 상금이라는 보상을 얻고자 하는 마음은 모두 외적 욕구다. 이 보상이 결과 획득과 상관없이 즐겼던 내적 요구의 행동들을 보상이 주어져야 하는 조건 행동으로 바꿔놓았다.

그러면 우리가 허용해야 할 욕구는 오로지 내적 욕구라고 결론 내리면 되는 걸까? 섣부른 일반화를 피하기 위해 한 가지 염두에 두어야 할 것은 외적 욕구 역시 삶을 살아가는 데 유용한 도구이므로 쉽게 배제할 수 없다는 점이다.

인간은 모두 내적 욕구와 외적 욕구를 함께 가지고 있다. 경제적 성공이라는 외적 열망은 만족스러운 삶을 살기 위해 어느 정도 있어야 한다. 마음 놓고 살 수 있는 집이 있고, 제대로 된 식사와 의료 서비스를 즐기며 예술적 즐거움까지 누리는 삶을 누군들 원하지 않겠는가? 그렇기에 우리의 관심은 어느 한쪽을 택하는 접근보다는 이 욕구들이 균형을 이루는 데 집중되어야 한다.

그러면 다음 질문을 살펴보자.

"우리가 판단하고 행동을 결정할 때 외적 욕구와 내적 욕구 중 어느 것의 비중이 높아야 할까?"

심리학자 리처드 라이언과 팀 캐서Tim Kasser는 돈과 명예, 신체적 매력이라는 외적 욕구가 자기 존중, 자기 성장, 자율성, 관계 등의 내적 욕구에 비해 월등히 높으면 정신 건강이 좋지 않을 확률이 높다는 점을 밝혀냈다. 물질적 성공에 대한 욕구가 유난히 강한 사람은 자기애와 불안, 우울 경향을 보였고, 임상심리 전문가가 평가하는 사회적 상호작용 점수도 낮게 나왔다. 다른 두 가지 외적 욕구도 마찬가지였다.

외적 욕구가 강조되는 현실의 이면에는 미약한 자아의식이 자리 잡고 있다. 외적 욕구에만 매달리는 사람은 '자신이 누구인지'보다 '자신이 무엇을 가졌는지'에 주로 집중한다. 그들에게는 그럴 싸한 겉모습, 사회가 인정하는 자기모습이 중요하다. 우리가 만일 내적 욕구에서 만족과 희열을 느끼지 못하면 표면적인 목표에 매달릴 확률이 극도로 높아지고 이 때문에 스트레스와 불안, 우울 경향이 드러난다.

이와 달리 인정받고 성장하며 의미 있는 인간관계를 맺고, 공동체에 기여하며, 영향력 발휘를 꿈꾸는 내적 욕구는 행복감과 긍정적인 상관관계를 보였다. 공동체에 기여하려는 마음이 강한 사람은 활력적이었고 자기 존중감도 컸다. 외적 욕구에 비해 내적 욕구를 더 중시하며 살아가는 사람은 자신을 더 긍정적으로 인식하고 건강했다. 물론 이들도 안정적인 삶을 보장하는 기본적인 물질적 욕구를 가지고 있었다. 하지만 정신적으로 건강하지 못한 사람들처럼 부와 명예, 신체적 매력만을 추구하지는 않았다.

이렇게 볼 때 누군가가 지나치게 외적 욕구에 집착을 보이면

'거짓 자아'의 일면이 드러난 것으로 이해할 수 있다. 이 거짓 자아는 외적 욕구가 충족되었을 때 자신은 존중할 만한 대상이 되고 그렇지 못하면 경멸의 대상이 된다고 인식하게 만든다. 이른바 '조건부 자아존중감'을 발동시키는 것이다.

자기 가치를 주체적으로 인식하지 못한 채 외적 기준에 따라 평가하는 사람은 외부의 힘에 특히 취약하다. 그들은 트렌드라는 미명 아래 제시되는 이념과 사상, 가치로 자신을 포장하려는 모습을 보인다. 심지어 외부에서 주입하는 상업적 가치에도 너무 쉽게 매몰되고 만다. 더 많이 소유해야 느낄 수 있는 가치, 부와 명예와 외모처럼 기준이 외부로부터 오는 것들 말이다. 외적 욕구가 지향하는 가치가 바로 이런 모습이다. 외부에서 비추는 눈부신 조명의 유혹에 쉽게 빠지고 필요 이상으로 크게 영향받는다.

이렇게 보면 외적 욕구보다는 내적 욕구가 우리의 판단과 행동을 주도하도록 하는 것이 맞아 보인다. 그렇다고 외적 욕구를 배척하거나 금기시할 일은 아니다. 우리에게는 세상과 주체적으로 마주하게 해주는 해석 역량이 있기 때문이다. 해석 역량은 외부 자극을 내재화하는 능력이다. 해석 역량이 좋으면 외적 욕구를 내면화함으로써 매몰되지 않은 채 주체적으로 수용하고 조절할 수 있다. 관건은 주도권을 내적 욕구가 쥐고 있어야 한다는 것이다. 내적 욕구가 더 강할 때 얻는 이점은 무엇일까?

내적 욕구가 보다 높은 가운데 외적 욕구를 해석 역량으로 내재화해 관리하면, 우리는 우리의 장기적 동력이 되는 내적 욕구의 손상을 막고 '수준 높은 결과'를 얻게 된다. 자율, 존중, 성장, 관계, 기여 등의 내적 욕구들이 높으면 즐겁고 신이 난다.

앞서 나는 딸아이의 방을 책장으로 꾸몄다. 거기까지가 좋았다. 방 안에서 책을 집어 들든 말든 이는 전적으로 아이의 자율에 달린 것이었다. 자율과 자유의지라는 내적 욕구가 충만하니 아이의 책 읽기는 즐거움과 재미로 가득했다. 그래서 독서가 평생 습관이 될 확률이 높았다. 하지만 외적 욕구를 주체적으로 내재화할 해석 능력이 없는 아이에게 나는 상금이란 외부 자극을 던짐으로써 화근을 만들었다. 외부 자극의 투입 결과 독서 습관과 독서 능력이 향상된 게 아니라 오히려 상금 확보를 위한 잔머리 능력이 향상되었다.

그러면 이제 '수준 높은 결과'란 무엇인지 사회심리학자 에드워드 데시Edward Deci와 리처드 플래스트Richard Flaste의 실험을 통해 좀 더 살펴보자.

데시와 플래스트는 대학생 피험자들을 두 집단으로 나눠 뇌신경학 분야의 까다로운 내용을 세 시간 동안 공부하게 했다. A집단의 학생들에게는 세 시간 후 시험을 치러 학습을 평가한다고 했고, B집단에게는 그 내용을 남들에게 가르치게 될 거라고 했다. 세 시간이 지난 후 설문조사로 학생들의 내적 동기를 측정했는데, 시험을 보기 위해 학습했던 A집단 학생들의 내적 동기가 상대적으로 낮게 나왔다. 내적 욕구가 손상된 것이다.

또한 학습 결과가 어떻게 달라졌는지 알아보기 위해 두 집단 모두 시험을 치르게 했다. B집단 피험자들은 예상하지 못했던 시험을 치르게 되었다. 하지만 시험 결과, 가르치기 위해 학습했던 B집단 학생들은 시험을 보기 위해 학습한 A집단 학생들보다 개념을 이해하는 수준이 훨씬 높았다. 시험을 통해 학습 동기를 북돋우려는 의도는 오히려 내적 욕구를 훼손하고 학습 성과를 떨어뜨린다는 결론이다.

스탠퍼드 대학교의 마크 레퍼Mark Lepper 교수는 금전적 보상이나 마감 시한 설정, 목표 제시, 감시 평가 등이 모두 내적 욕구를 훼손한다는 사실을 확인했다. 이것들이 모두 사람들을 압박하고 통제하기 위해 자주 쓰이는 방법이라는 사실을 생각해보면 결국 시험, 성적, 평가, 보상, 진급 등의 외적 자극은 결국 당사자들에게 통제로 받아들여질 확률이 높다. 이런 조건에 놓일 때마다 우리의 자율과 성장 욕구, 즉 내적 욕구가 훼손된다. 그리고 이런 조건이 반복될수록 관심과 열성, 몰입, 창의를 잃어버리고 만다.

이를 지지하는 또 하나의 실험도 살펴보자. 심리학자 테리사 애머빌Teresa Amabile은 한 집단의 아이들에게 통제 상황 속에서 그림을 그리게 했고 다른 집단의 아이들에게는 자율적으로 그림을 그리게 했다. 그런 다음 두 집단의 아이들이 그린 그림을 뒤섞어 놓고 여섯 명의 평가자에게 창의성과 기법을 나눠 평가하게 한 뒤 두 점수를 합해 최종 평가 점수를 냈다.

평가 결과 자율성의 한계를 스스로 설정했던 아이들의 그림이 외부로부터 통제당했던 아이들의 그림보다 좋은 점수를 받은 것으로 나타났다. 특히 창의성 부문에서 점수가 높았다. 많은 색을 쓰고 독특한 그림을 그렸으며 소재도 가지각색이었다. 내적 욕구로부터 동기가 부여된 사람은 그리기 경험을 한 차원 높은 것으로 받아들일 뿐 아니라 높은 확률로 창의적 예술 작품을 만들어낸다.

동기가 내면에서 나오지 않고 외적 욕구를 통해 들어오는 경우 문제해결 능력은 크게 떨어질 수 있다. 동력을 외적 욕구에 전적으로 의존하면, 몰입, 직관, 창의성 등 중요한 활동의 수행 수준이 더더욱 낮아진다. 동기부여를 가장한 외적인 통제와 압박이 유일한 행동의 이유가 될 경우 그 행동을 즐길 가능성이 크게 떨어지기 때문이다.

내면에서 스스로 부여한 동기와 이를 행동으로 옮길 때 자율적으로 부여한 한계 설정은 경험을 풍요롭게 하고 개념에 대한 이해력과 창의성을 높이고 문제해결 능력을 향상시킨다. 반면에 외적 욕구에서 나온 동기는 장기적이고 본질적인 관점에서 보았을 때 내적 욕구에서 나온 동기나 행동에 대한 몰입을 방해할 뿐 아니라 창의성과 개념에 대한 이해력, 유연한 문제해결 능력이 필요한 모든 활동에 부정적인 영향을 미친다.

몰입, 문제해결, 창의성. 학자들은 이 모든 것이 내적 욕구가 동력이 되었을 때 비로소 나올 수 있다고 한목소리로 주장한다. 이제는 내면에서 나오는 소리들에 귀 기울여야 한다. 우리가 지속적으로 몰입하고 보다 더 창의적으로 활동하도록 하는 화수분 같은 동력은 우리 안에서 나오는 것이다.

목표가 아닌 과정에 몰입하라

애플 창업자인 스티브 잡스Steve Jobs는 창업 초기 직원들에게 주 90시간씩 즐겁게 일하자고 했고 본인도 그것을 따랐다. 긴 근무 시간에도 누구 하나 불평 불만하지 않았다. 모두 자발적으로 일했기 때문이다. 그들은 컴퓨터와 폰과 인터넷을 한 사람 한 사람의 손안에

담겠다는 신념을 이 세상에 실현하려는 내적 동기로 충만해 있었고, 그 일에 스스로 몰입했다. 노동 시간의 길고 짧음에 대한 시시비비는 그들에게 의미 없었다. 이상을 실현하기 위한 하나하나의 과정을 통해 그들은 평범한 존재의 순간을 넘어 더 높은 수준으로 존재한다는 것이 무엇인지 느끼며 이를 만끽하게 되었던 것이다. 이 몰입의 결과로 아이폰이 나왔고 세상은 아이폰에 열광했다.

20세기 전반기에 활동한 미국의 화가이자 미술 교사였던 로버트 헨리Robert Henri는 내적 욕구의 본질을 엿볼 수 있는 다음과 같은 글을 남겼다.

"이상하게 들릴지도 모르지만 '그림 그리기'의 목적은 '그림'을 만들어내는 데 있지 않다. 혹시 그림이 만들어졌다면 그것은 부산물일 뿐이며, 그리기 과정 자체가 유용하고 흥미롭고 가치 있다는 것을 보여주는 증거다. 진정한 예술 작업의 목적은 언제나 평범한 존재의 순간보다 더 높은 차원으로 존재하는 것, 그 순간에 이르는 데 있다."

헨리가 말하려는 것은 간단하다. 내면의 동기부여 상태는 어떤 행동 그 자체에 완전히 빠져드는 것이지, 어떤 목표를 달성하는 것과는 무관하다는 사실이다. 헨리의 말을 단어만 조금 바꿔보겠다.

"이상하게 들릴지도 모르지만 '일'하는 목적은 '성과'를 만들어내는 데 있지 않다. 혹시 성과가 나왔다면 그것은 부산물일 뿐이며, 일하는 과정이 유용하고 흥미롭고 가치 있다는 것을 보여주는 증거다. 진정한 일의 목적은 언제나 평범한 존재의 순간보다 더 높은 차원으로 존재하는 것, 그 순간에 이르는 데 있다."

헨리가 남긴 말은 미래의 인재상을 제시하는 어떠한 표현도 압도할 만하다. 우리는 오직 내 안의 것들만이 나를 움직일 수 있도록 허락하는 습관을 들여야 한다. 그러려면 내가 진정으로 원하는 것이 무엇인지, 나의 내적 욕구는 무엇인지, 그것이 외적 욕구에 억눌려 있지는 않은지 살펴야 한다. 나의 안으로부터 나오는 이야기에 귀를 기울이는 시도가 필요하다. 생각 없이 덥석덥석 받아먹지 말아야 한다. 밖에서 들어오는 소리를 내 안의 소리로 받아들이는 습관, 즉 내재화 노력이 필요하다.

2

자기다움과 세상이 만나는
순간을 만들어라

존재 이유, 본질

다음 그림을 살펴보자. 아래의 그림이 무엇으로 보이는가?

그렇다. 의자다. 너무 뻔한 질문이었는가? 그렇다면 모양이 다

른데 왜 이 물건들을 똑같이 의자라 부르는가?

"용도가 같잖아요. 모양은 다르지만 모두 사람이 앉기 위해 만들었다는 점이 같기 때문 아닌가요?"

그렇다. 세 의자 모두 사람이 편하게 앉게 하려고 만든 것이다. 모양의 다양성은 부가적인 요소일 뿐 의자라는 본래의 용도는 동일하다. 여기서 '부가적인'이라는 단어는 '부가가치가 있다'라는 표현으로 바꿀 수 있다. 엉덩이를 대고 편하게 걸터앉을 수 있도록 해준다는 본연의 가치에 소장 가치, 예술적 가치 등 여러 가치들을 부가할 수 있다.

그러면 '용도가 같다'라는 표현을 좀 더 곱씹어보자. 결국 우리는 용도가 같다면 겉모양이 조금씩 다르더라도 의자로 인정할 수 있다고 한 것이다. 그렇다면 용도라는 것은 의자를 의자로 간주하게 해주는 유일무이한 절대 기준이 되는 셈이다. 조금 표현을 바꿔보자면, '용도'는 '존재 이유'다. 우리가 어떤 대상을 의자로 인정하기 위해서는 엉덩이를 대고 편하게 걸터앉을 수 있도록 해준다는 존재 이유를 반드시 충족해야 한다. 그래야 의자인 것이다. 이 존재 이유를 통해 우리는 의자인 것과 의자 아닌 것을 분별할 수 있게 된다. 존재 이유는 곧 '정체성identity'의 근간이 되는 것이다.

사전을 보면 본질은 '사물이 그 자체이도록 하는 고유한 성질',

'한 사물이나 과정에 반드시 있어야만 하는 보편적이고 변함없는 요소들의 총체' 등으로 정의한다. 현상은 '사물이나 어떤 작용이 드러나는 바깥 모양새', '나타나 보이는 현재의 상태' 등을 말한다. 즉, 본질은 모든 사물이 저마다 가지고 있는 고유성을 말하며, 현상은 본질이 외부로 나타난 모양새라고 할 수 있다. 의자의 존재 이유나 정체성은 의자 자체를 규명하므로, 바뀌어서는 안 되는 고유한 것이어야 한다. 곧 의자의 용도, 존재 이유, 정체성은 의자의 본질을 말해주어야 한다. 철학자 칸트는 본질을 가리켜 '물자체物自體, ding an sich, thing-in-itself'라 명명했다.

반면 겉으로 나타나는 현상은 다양한 모습일 수 있다. 의자의 경우처럼 '부가적인 것'이 다양할 수 있기 때문이다. 어떤 것은 편안함을 부가한 거실 소파로, 어떤 것은 자세를 바르게 고쳐줘 피로를 줄여주는 가치를 부가한 사무실 의자로, 또 어떤 것은 운반의 용이함이라는 가치를 부가한 접이식 의자로 나타난다.

본질은 유지하면서 부가적인 가치로 드러난 모습은 이처럼 다양할 수 있다. 본질은 심연에서 뚝심을 견고히 받쳐주고, 겉으로 드러난 현상은 부가적인 가치에 따라 천차만별의 모습이 된다. 본질과 현상이 만들어내는 이 화수분 같은 다양함은 참으로 창의적이어서 아름답기까지 하다.

반면 아름답지 않은 상황도 있을 수 있다. 바로 본질이 훼손되는 상황이다. 본질이 훼손되는 상황은 두 가지로 대별할 수 있다. 우선 본질이 무엇인지 제대로 확인하지 않은 상태에서 뭔가가 계속 진행되는 상황이 있다. 내가 누구인지, 나의 존재 이유가 무엇인지, 내게 일은 무엇인지, 나는 무엇에 행복해하는지 등 나의 본질을 명확히 규명하지 못한 상태에서 매일 학교에서, 직장에서 선생님과 상사의 잔소리와 함께 반복된 생활을 하고 있다면 무엇인지도 모르는 자신의 본질은 더욱 소리 없이 상해가고 있는 것이다.

또 다른 상황은 드러난 현상 때문에 본질이 왜곡되는 것이다. 잠깐 스마트폰을 꺼내보자. 그리고 메모지 한 장에 스마트폰에서 가장 중요하다고 판단하는 핵심 기능을 중요한 순으로 하나씩 적어 내려가보자. 무엇이 1순위로 꼽혔는가? 나는 통화 기능이 1위였다. 모름지기 휴대폰이라면 어디서든 필요할 때 상대와 소통이 돼야 한다고 생각했다. 과거 모 기업의 광고 카피처럼 '걸면 걸리는' 통화 품질이 양보할 수 없는 휴대폰의 존재 이유라 생각했다. 다시 말해 스마트폰의 존재 이유, 정체성은 '스마트'보다는 '폰'에 있다고 봤다. '휴대폰'은 통화가 기본이다. '스마트'는 부가적 가치다.

물론 다르게 생각할 수도 있다. 이 책을 읽는 당신은 이제 스마트폰에서 '스마트'가 본질인 시대가 되었다고 말할지 모른다. 시작은 휴대폰이었으나 고객과 시장의 요청으로 '내 손안의 똑똑한 컴퓨터'가 기본 가치이며 휴대폰 기능이 부가적 가치가 되었다고 말이다.

상관없다. 중요한 건 의자의 경우처럼 부가적 가치는 본질이 견고히 유지된 상태에서 추가했을 때 빛을 발한다는 점이다. 본질이 제대로 구현되지 않았는데 부가적인 가치에만 치중하여 미흡한 본질을 덮어보려는 모든 시도는 마케팅을 빙자한 일종의 기만 행위일 수 있다. 본질이 아닌 부가적인 것에 휘둘리면 현상의 다양성은 혼란과 허상으로 전락하고 현상의 견고한 뿌리여야 할 본질은 썩게 된다. 본질을 왜곡하는 현상들이 난무하면 결국 병들고 만다.

창의는 본질에 더 충실할 때 오히려 더 자연스럽게 얻을 수 있는 것 아닐까? 스마트폰의 본질에 충실하고 고객 가치의 본질에 더 충실할 때 제대로 된 부가적인 것이 "유레카!"하며 내 손안에 들어올 수 있다. 본질에 충실한 인식, 사고의 힘을 키우지 않고 온갖 창의적 발상 기법을 떠 넣으려 하는 모습들을 보면 안타깝기 그지없다. 본질과 현상을 구분하고 본질로부터 부가적 가치를 추출해내는 힘을 키우지 않고는 백 가지 창의적 발상 기법도 무용지물이다.

왜 본질을 묻는 질문이어야 하는가

우리 자신에 대한 얘기로 돌아오자. 우리의 본질은 존재 이유와 정체성이라 할 수 있다.

> "내 삶에서 진정 내가 추구하는 것은 무엇인가?"
>
> "나는 언제 행복을 느끼는가?"
>
> "내가 생각하는 중요한 가치와 원칙은 무엇인가?"
>
> "나를 움직이게 하는 것은 무엇인가?"
>
> "나는 왜 일하는가?"

이런 질문들은 우리의 본질을 탐색하게 해주는 좋은 계기로 작용한다. 하지만 당신은 이 질문을 다른 사람으로부터 받은 적이 있는가? 있다면 몇 번이나 되는가? 아마 대부분 받은 적이 없거나 있더라도 명상 수업이나 셀프리더십 교육 과정 중에 강사로부터 받은 한두 번의 질문이 전부일 것이다. 왜일까? 답하기 쉽지 않은 질문, 본질을 묻는 질문이기 때문이다. "무슨 영화 봤어?"라는 물음에 답하기 쉬운가, 아니면 "왜 그 영화를 골랐어?"라는 물음에 답하기 쉬운가? 당연히 전자다. 실제로 우리는 본질을 캐내는 질문보다는 현상을 확인하는 질문을 압도적으로 많이 주고받으며 살고 있다. 그래서 더 쉬운 것이고, 쉬우니까 더 자주 반복된다. 하지만 양은 적더라도 우리의 삶에서 진보를 일궈내는 것은 현상을 확인하는 질문이 아니라 본질을 캐내는 질문이다.

삶에 동력을 주고 의미 있는 여정을 계속하도록 하는 질문, 그러나 남으로부터 받기는 어려운 질문. 그렇다면 답이 나오지 않는가? 그렇다. 자기 자신에게 많이 물어야 한다. 본질적 자문과 이에 대한 성찰이 습관으로 자리 잡은 사람은, 강한 내적 동기를 만들고 훌륭한 몰입력과 창의력을 발휘한다. 당연히 기업은 이런 사람을 쓰고 싶지 않겠는가? 이런 사람과 함께하고 싶지 않겠는가?

나는 회사에 막 입사한 신입을 만나면 환영한다는 말과 함께 꼭 던지는 질문이 있다.

"입사해서 좋은가요?"

현상에 대한 질문이다. 그러면 "네!"라는 대답이 돌아온다. 현상에 대한 질문이기에 답 또한 그리 어렵지 않게 나온다. 그러면 나는 다시 다음 질문을 한다.

"왜 좋은 거죠?"

본질을 캐기 시작하는 질문이다.

"음, 그러니까, 어려운 경쟁을 뚫고 합격해서요."

"돈을 벌 수 있게 돼서요."

"부모님 기대에 부응할 수 있게 돼서요."

첫 질문만큼 바로 튀어나오지는 않지만 이런저런 답이 돌아온다. 그러면 끝으로 질문 하나를 더 이어간다.

"그러면 저마다 얘기한 그 이유는 본인이 앞으로 회사 생활을 끌어갈 핵심 동력이 되겠네요?"

본질을 캐는 본격적인 질문이다. 그래서일까? 답이 곧바로 돌아오지 않는다. 자신이 말한 이유가 회사 생활의 궁극적 동력이 될 정도로 탄탄한 것이 아닐지도 모른다는 생각이 들기 때문이다. 질문을 받은 즉시 뒤통수를 맞은 듯 깨닫기 때문이다. 이때 나는 한마디 덧붙인다.

"입사가 기쁜 진정한 이유를 찾아 명확하게 표현해보기 바랍니다. 그러지 못한 상태에서 일하다 난관이 닥치면, 훗날 후회하게 될 오판과 행동을 소신으로 포장하여 감행할지도 모릅니다."

나는 '사춘기 신입 사원'이란 표현을 자주 사용한다. '내가 누구인지', '나는 왜 일하는지', '내 삶의 의미는 무엇인지' 등에 대해 자신만의 답을 가지고 있지 못한 직원이 의외로 많기 때문이다. 취업 준비 때문에 일단 뒤로 미뤄온 경우도 있겠고, 나름 정리된 답을 들고 있긴 하나 입사 후 현장에서 겪는 변화와 요구하는 인재상으로 인해 혼란기를 맞는 경우도 있겠다. 이 때문에 입사 후 1년 내 이 고민들이 왕성하게 진행된다. 신입 사원들은 제2의 사춘기를 겪게 되는 것이다. 이를 주체적으로 해결하는 신입 사원은 지속 가능한 동력을 얻을 것이며 이를 돕기 위해 생산적 기회와 가이드를 제시하는 조직은 미래 인재를 얻게 될 것이다.

앞서 말한 바와 같이 본질을 묻는 질문은 타인에게 하기가 쉽지 않다. 바꿔 말하면, 타인으로부터 듣기 쉽지 않다는 것이다. 하지만 본질을 캐는 질문은 현상을 확인하는 질문과 달리 근원적인 동력을 끌어올리는 강력한 힘이 있기에 반드시 물어야 한다.

"입사가 왜 기쁜가?"라는 질문에는 입사 전까지의 여정을 자리 매김하고 입사 후의 모습을 그려보라는 본질적인 주문이 서려 있다. 짧은 질문이지만 영혼을 담아 자신과 마주하게 만든다. 그렇게 해서 자기 의미화된 답은 엄청난 동력을 만들어낸다. 웬만한 흔들림에도 끄떡하지 않는 단단함을 견지할 수 있게 해준다. 모두가 이직을 말할 때 오히려 회사를 지켜야 하는 이유, 모두가 만류해도 이직해야 하는 본질적인 이유를 분명히 세울 수 있게 해준다. 길든 짧든 재직하는 동안에는 마치 이 회사를 위해 태어난 것처럼 몰입하고 나갈 때는 군더더기 없는 아름다운 뒷모습으로 돌아서는 것, 매력적이지 않은가? 그러려면 본질이 주는 힘이 필요하다.

자기다움에 충실하면 변질되지 않고 성장한다

본질은 변화의 확실한 동력이 된다. 한때 혁신이란 모든 것을 완전히 바꿔서 새롭게 하는 것이라고 생각하던 시절이 있었다. 물론 그런 분위기는 변화와 혁신의 중요성을 강조하는 데 기여했지만 아쉽게도 중요한 한 가지는 간과했다. 바뀌지 말아야 할 것, 바꾸면 안 되는 것에 대한 인식이다. 본질에 해당하는 것들은 절대 바뀌면 안 된다.

"나는 왜 이 일을 하고자 하는가?"

"왜 이 회사인가?"

"나는 왜 이직을 떠올리고 있는가?"

"후회하지 않으려면 어떤 결정을 해야 할 것인가?"

이런 질문들은 우리가 본질을 잃지 않도록 각성시키는 이른바 본질의 마중물이다. 이 질문을 통해 얻은 답은 그 사람의 고유함을 나타낸다. 왜 그가 그런 사람인지를 말해주는 근거가 되는 것이다. 나는 이것을 '자기다움'이라 부른다. 학계에서는 한 개인의 자기다움을 성격, 성향 등 타고난 생물학적 요인들의 차이로 설명하고

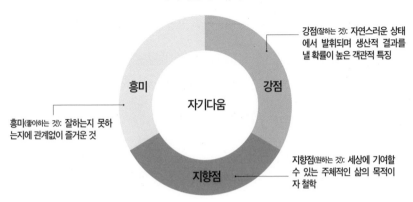

자기다움의 3가지 요소

강점(잘하는 것): 자연스러운 상태에서 발휘되며 생산적 결과를 낼 확률이 높은 객관적 특징

흥미

강점

자기다움

흥미(좋아하는 것): 잘하는지 못하는지에 관계없이 즐거운 것

지향점

지향점(원하는 것): 세상에 기여할 수 있는 주체적인 삶의 목적이자 철학

있지만 우리는 태어나는 순간부터 진공 상태에 놓여 있는 것이 아니기에 살면서 환경과 상호작용하며 형성되는 특유함까지 살펴야 한다. 이렇게 보면 한 개인의 자기다움은 다음 세 가지에 따라 형성된다고 표현해볼 수 있다.

"나는 무엇을 좋아하는가?" -흥미

"나는 무엇을 잘하는가?" -강점

"나는 무엇을 가치 있게 생각하는가?" -지향점

자기다움은 한 개인의 독특함을 말해줌과 동시에 그가 삶을 살아가는 본질적인 동력이 무엇인지 또한 말해준다. 그것은 자기다움이 스스로에게 의미를 만들어주는 핵심 요소이기 때문이다. 일터에서 왜 누구는 영혼까지 끌어모으며 행복하게 일하지만 누구는 왜 퇴근 시간만 학수고대하는가를 설명해주는 핵심 근거라는 것이다. 자, 이 질문에 철학자이자 작가인 알베르 카뮈Albert Camus의 도움을 받아보자.

카뮈는 "노동 없는 삶은 부패한다. 그러나 영혼 없는 노동은 삶을 질식시킨다."라고 했다. 영혼이 있는 노동은 과연 무엇인가? 카뮈는 삶의 가치를 찾으려는 노력과 아무것도 찾지 못하는 것 사이의 갈등을 '부조리'라 표현했다. 그리고 이 부조리가 우리의 영혼을 앗아간다고 보았다. 따라서 이 부조리는 우리의 일과 삶에 있어 매우 중요한 화두가 된다.

삶의 가치를 일 속에서, 일터에서 찾지 못하면 그 어떤 것들이 충족된다 해도 결국 영혼 없는 황망함, 즉 부조리를 피할 길이 없기 때문이다. 결국 내가 정의한 내 삶의 의미, 가치를 통해 비로소 나의 노동과 일도 의미를 갖게 된다는 것이다. 여기서 내 삶의 의미는 자신의 흥미, 강점, 지향점과 관계있는 것들이다. 그렇다면 결국 나의 업은 나에게 의미 있는 것과 세상의 필요가 만나는 곳에 있게 됨을 알 수 있다.

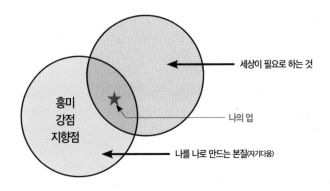

세상이 필요로 하는 것

나의 업

흥미
강점
지향점

나를 나로 만드는 본질(자기다움)

나에게 의미 있는 것은 나의 흥미, 강점, 삶의 지향점과 관련되어 있다. 이것은 우리 각자의 독특함, 즉 자기다움을 만드는 진정한 연료들이다. 이 세 가지 중 세상이 필요로 하는 부분, 즉 세상에 기여할 수 있는 부분이 만나 바로 나의 업이 되는 것이다. 만일 흥미, 강점, 지향점 모두가 세상의 필요와 연결된다면 내가 어떤 직업을 택해 어떤 일을 하는 것이 맞을지 그만큼 명확해질 것이고 그만큼 일을 완성하기 위한 가장 강력한 동력이 나오게 될 것이다. 회사에서 이런 기회를 만날 수 있다면 누구든 일터에서 영혼까지 끌어모아 일하게 되지 않을까?

그렇다면 성장한다는 것은 어떤 것일까?

위의 두 그림에 대해 각각 제목을 붙여보기 바란다.

어떤 제목을 떠올렸는가? 나는 위 그림을 '변질', 아래 그림을 '변화'로 제목을 붙였다. 위 그림에서 사과는 과실로서의 정체성과 생명력이 손상되었다. 즉, 드러난 겉모습이 바뀌었을 뿐만 아니라 본질까지도 훼손되었다. 따라서 '변화되었다'라는 표현보다는 '변질되었다'라는 표현이 더 맞아 보인다. 반면에 아래 그림의 꽃은 꽃의 정체성과 생명력을 유지하고 있다. 그렇기에 겉모습, 즉 드러난 현상의 모습은 바뀌었지만 이를 변질이라 부르지 않고 변화라 부를 수 있다.

변질되면 생명력이 없다. 외부와 건강하게 상호작용할 동력이 없는 것이다. 하지만 본질이 건재하다면 얼마든지 가치를 부가해 다양성을 추구할 수 있다. 그것이 변화다. 진정한 혁신과 창의는 단지 다른 것, 달라지는 것에 있지 않고 본질에 있다.

변화는 본질이 유지된 상태에서 환경에 최적화되도록 튜닝tuning하는 것이다. 따라서 성장은 자기다움이 유지된 상태에서 환경에 최적화되도록 피보팅pivoting, 전환하는 것이다.

본질에 충실하면 외부의 충격이나 자극에 쉽게 부화뇌동하지 않는다. 그렇기에 주체적으로 변화할 수 있는 동력이 생긴다. 변질되지 않는다. 또한 본질에 충실하면 불필요한 미사여구를 필요로 하지도 않고 허용하지도 않는다. 따라서 치장하지 않은 그대로의 멋을 갖게 된다.

어떤가? 본질에 충실하고 이를 통해 현상의 다양함을 받아들여 주체적으로 변화하기 위해 노력해야겠다는 생각이 드는가? 애매모호하고 변동성이 크며, 그렇기에 불확실하고 예측하기 어려운 이 시대를 상대하려면 휘둘리지 않고 세상을 주체적으로 마주하고 해석하는 힘이 필요하다. 가장 먼저 해야 할 것은 나와의 긴밀한 접속이다. 나의 본질인 자기다움을 모르고 세상과 마주한다는 것은 무기와 전략 없이 전장에 나서는 무모한 전사와 같다.

3

사실과 현상 이면의
진실을 보라

맥락을 놓치지 않으려면

여기 똑같은 크기와 종류의 피자 조각이 있다. 당신은 어느 피자를

선택하겠는가?

어느 것이든 별로 상관이 없는가? 그러면 다음 그림을 보고 판단해보라.

이제는 어떤 피자를 선택하겠는가?

같은 피자지만 어디에 있느냐에 따라 선택이 달라질 것이다. 왼쪽에 있는 피자는 식탁 위에 놓여있고 오른쪽의 피자는 길바닥에 놓여 있다. 피자가 '사실'이라면 놓인 장소는 '맥락'이다. 세상은 무수한 사실들로 가득하다. 하지만 사실만으로는 제대로 된 의사결정을 할 수 없다. 이 사실들이 갖는 의미를 확인하고 제대로 해석해야만 후회를 최소화한 의사결정이 가능하다. 그러려면 사실뿐 아니라 그 뒤의 맥락을 함께 봐야 한다.

이제 우리는 엄청난 양의 사실을 접하며 살게 됐다. 이전에 없던 사실들까지 데이터란 이름으로 수집되고 있기 때문이다. 갈수록 그 양은 더욱 방대해질 전망이다. 게다가 이 거대한 데이터들을 토대로 우리는 인생의 중요한 선택을 해나가야 한다.

우리 앞에 제시되는 데이터들은 하나하나의 피자 조각들로 비유할 수 있다. 졸업 축하를 위해 가족이 둘러앉은 식탁 위에 놓인 피자와 마약 밀반입에 사용된 피자는 분명히 다르다. 피자를 먹고 탈이 나지 않으려면 피자만 볼 것이 아니라 이 피자가 어디에 놓여 있는지를 알아야 한다. 피자 조각 같은 사실적 데이터들은 우리 주변에 이미 차고 넘친다. 이들의 맥락을 찾고 해석할 능력이 없다면 우리는 미래에 존재하지 않을 것이다.

우리가 단순히 현상적인 개별 사실이 아니라 본질적 맥락에 관심을 둔다면, 우리에게 필요한 데이터는 사실뿐만 아니라 이면의 의미와 관계성까지 포함된 심층적인 것이어야 한다. 분석은 표피적 데이터를 가지고도 얼마든지 가능하다. 하지만 해석은 다른 영역이다. 분석한 데이터가 많다고 해서 해석이 정확해지는 것은 아니다.

예를 들어 스페인 문화를 연구하고자 하는 사람이 포털사이트와 국가 소개 홈페이지 데이터만 이용한다면 피상적인 내용만 분석 결과로 나올 것이다. 이 분석 결과가 곧 스페인 문화의 실제라고 할 수 있을까? 이 분석 결과를 가지고 스페인이 왜 이런 문화를 갖게 되었는지, 앞으로는 어떤 모습일지 해석할 수 있을까?

파에야, 타파스, 한 잔의 상그리아 같은 스페인의 전통 음식 문화를 미각과 촉각으로 살펴본다면 어떨까? 스페인의 시인 안토니오 마차도Antonio Machado의 시를 읽거나 플라멩코 공연을 보는 것도 좋을 것이다. 음식, 공연, 문학 등은 그 자체로 즐거움을 주기도 하지만 우리가 세상과 삶을 깊이 있게 해석하는 데 큰 도움을 준다.

컴퓨터는 윙크를 '1,000분의 1초 동안 한쪽 눈을 깜빡거리는 눈짓'이라고 분류하지만 우리는 윙크에 그보다 훨씬 더 많은 의미가 담겨 있다는 것을 안다. 이 작은 동작에는 "장난이야", "지금이야", "무슨 뜻인지 알지?"를 비롯해 다른 수많은 무언의 메시지를 전달하는 능력이 있다. 윙크를 '1,000분의 1초 동안의 한쪽 눈을 깜빡거리는 눈짓'으로 간주하는 표피적 수준으로는 우리가 사는 세상과 우리의 삶을 제대로 해석할 수 없다.

당신이 오늘 아침 느꼈던 것들을 잠시 생각해보라. 우리는 오늘 아침 한 잔의 커피가 주는 포근한 느낌을 안다. 출근 후 사무실 분위기를 통해 팀장의 기분이 좋지 않음을 예감한다. 많은 철학자들은 이를 '세상과의 친밀성'이라 부른다. 우리는 이 친밀성을 바탕으로 삶을 영위하며 나날을 보낸다.

세상과의 친밀성은 우리에게 해석 능력을 준다. 그리고 이 해석 능력은 우리가 세상에 대처하는 무기가 된다. 백화점에서 물건을 고르는 방식, 인터넷을 서핑하는 방식, 상대의 의도를 알아채는 방식, 문제를 해결하는 방식이 이 해석 능력에 따라 달라진다. 우리는 해석 능력으로 세상에 대한 감感을 잡고 세상을 헤쳐나간다. 이 감은 '사실 데이터'가 아닌 '맥락 데이터'가 축적됐을 때 얻어지는 것이다.

맥락 데이터는 사실 데이터처럼 일반적으로 적용할 수 없다는 이유로 무시당할 때가 많다. 그러나 우리의 삶은 사실 데이터가 아닌 맥락 데이터에 의해 지배당한다. 그렇기에 의사결정 과정에서 맥락 데이터를 배제한다면 자신은 물론 세상과 그 사이에서 만들어지는 문제에 대해 잘못된 모형을 따르게 될 것이다.

맥락 데이터는 우리가 하루에 얼마나 돌아다니는지, 인터넷에서 무엇을 검색하는지, 하루에 몇 시간이나 자는지, 인맥은 얼마나 되는지, 어떤 음악을 듣는지 등 우리가 하는 행위와 행동의 흔적을 살필 때 얻는 사실 데이터와는 다르다. 인간 행동의 이런 속성들도 분명 중요하지만 그것이 전부는 아니다.

우리가 하는 일을 바탕으로 우리를 이해하려고 하는 것이 사실 데이터라면, 맥락 데이터는 우리가 다른 많은 세계와 관계하는 양상을 기준으로 우리를 이해하려고 한다. 우리가 흔히 이야기하는 분위기야말로 가장 두드러진 형태의 맥락 데이터다. 우리는 사무실 분위기가 칙칙하다거나 파티 분위기가 가라앉아 있다고 표현한다. 스포츠 경기에서 맛보는 흥분이나 정치적 시위의 열정에 사로잡힌 기분이 어떤지도 알 수 있다. 이렇게 맥락 데이터에 주파수를 맞추면 우리는 주위를 둘러싼 세상에서 일어나는 미묘하면서도 끊임없는 변화를 감지할 수 있다.

조직에서 중요한 의사결정권을 가진 리더들은 시장조사와 기술조사 보고서라는 여러 겹의 사실 데이터에 매몰되기 쉽다. 그들은 비즈니스, 고객, 세상을 보고서로만 만난다. 그러다 보니 가격과 품질에 대한 고객들의 반응, 클레임에 대한 직원들의 대응 등 현장에서 나오는 실질적이고 맥락적인 데이터를 직접 실감나게 접하진 못한다. 이 경영자들이 고객에 대해 아는 것은 무엇일까? 현장에 대한 감이 없다면 이 경영자들은 결코 진실을 알 수 없다. 맥락이 사라진 채 보고서에 담긴 고객과 세상은 사실 묘사뿐일 것이기 때문이다.

비단 조직의 경영자들만 그럴까? 오늘날 많은 사람들은 상상력과 직관에 굶주려 있다. 사실, 수치, 유기적 생명력들이 제거된 피상적 데이터만 접하며 살아간다. 비교적 안정된 기간에는 이런 식으로도 살아갈 수 있다. 하지만 시장이 변하면 잘못된 길로 들어설 가능성이 높다. 환경이 변할수록 사실 데이터는 우리의 판단을 흐리고 오판할 확률을 높인다.

그러면 맥락 데이터를 확보하기 위해 어디로 가야 할까? 바로 우리 자신에게로 향해야 한다. 우리 자신과 접속하는 게 더 중요하다. 자신과 접속한다는 것은 세상 속 인간 경험에 대한 고찰을 의미한다. 철학에서는 이를 '현상학'이라고 한다. 추상적 수치가 아니라 사회적 맥락 안에 존재하는 인간 그대로의 행동을 관찰해야 한다. 이는 사자가 초원에서 사냥감을 잡아먹는 모습과 동물원에서 먹이를 받아먹는 모습의 차이다. 사자는 두 상황에서 모두 먹이를 먹는다. 하지만 어떤 상황이 사자에 관해 더 많은 진실을 담고 있을까?

오늘날의 세계가 엄청 복잡하게 느껴지는 이유는 우리가 세계를 사실의 조합으로 구성하는 데 집착하기 때문이다. 빅데이터는 지구에 존재하는 모든 것을 알 수 있고, 인간에게도 알아야 한다고 부추긴다. 그러나 이는 바보 같은 짓이다. 관계된 모든 사람이 탈진해서 길을 잃게 만들 수도 있기 때문이다. 길을 찾는 수단은 언제나 우리 모두에게 주어지지만 그것을 해석하는 책임도 우리에게 있다. 이는 우리가 고도의 기술적 진보를 이룰수록 왜 문화적·철학적 맥락을 이해해야 하는지, 사안이 복잡해질수록 왜 더더욱 우리 자신의 자리를 먼저 찾아내야 하는지 그 이유를 말해준다.

진실을 보는 2개의 눈, 관점과 맥락

이제 우리는 두 가지 습관을 가질 필요가 있다. 우선 데이터를 제대로 해석하기 위해 적절한 맥락을 파악할 수 있어야 한다. 사실 데이터를 수집하는 작업 자체만으로는 큰 의미가 없다. 무엇을 위해서 어떤 데이터를 수집할 것인지가 먼저다.

맥락은 이유와 연결되어 있다. 피자를 먹을 것인가, 버릴 것인가 결정하기 위해 우리에게 필요한 것은 피자라는 데이터가 아니라 피자가 놓인 정황과 맥락, 즉 이유다. 하지만 빅데이터는 인과관계가 아니라 상관관계를 중시한다. 통계적으로 유의미한 관계를 확인하고 모형을 구축할 수는 있지만, 왜 그런지 이유는 설명하지 못한다. 빅데이터는 아무런 설명 없이 그저 상관관계에 대한 정보만을 제공하고 있는 것이다. 게다가 데이터 크기가 커지면 그나마 줄 수 있었던 상관관계에 대한 메시지도 오도될 위험이 커진다.

경제학자이자 저널리스트인 팀 하포드Tim Harford는 2014년 「파이낸셜 타임스」에서 "빅데이터는 통계학자와 과학자들이 수세기 동안 매달려온 문제, 즉 통찰의 문제, 추론의 문제, 더 나은 쪽으로 바꾸기 위한 개입 방법에 대한 문제를 해결하지 못한다."고 말했다. 혹시 우린 빅데이터에 필요 이상으로 심취해 있는 것은 아닐까?

또 하나, 우리는 해석 역량을 높이기 위해 수집된 데이터가 주는 메시지를 풍부하게 해줄 관점을 키워야 한다. 관점은 마치 안경과도 같다. 파란색 안경을 끼면 세상을 파란색으로 보게 되고 노란색 안경을 끼면 세상을 노란색으로 보게 된다. 다초점 렌즈 안경은 필요에 따라 때로는 가까운 것을, 때로는 먼 것을 제대로 보도록 돕는다.

만일 우리가 특정 색상과 모양, 초점만을 고집한 채 세상을 보려 한다면 그렇게 해석된 세상의 폭과 깊이는 과연 충분히 넓고 깊을지 재고해봐야 한다. 미래 인재로서 우리는 데이터를 한데 모아 다양한 관점을 도출할 수 있어야 한다. 그 관점에 따른 해석이 수집한 데이터보다 훨씬 큰 가치를 낼 것이기 때문이다. 그러려면 다양한 관점을 접하고 그 관점들을 통해 낱알 같은 데이터들에서 의미를 찾는 연습이 필요하다.

꼰대는 나이와 상관없다. 자신의 관점이 전부이며 유일무이한 진리라고 고집하는 순간이 꼰대가 되는 순간이다. 만일 20대인 당신이 대학 동아리 후배들에게 자신의 관점을 유일한 진리처럼 강요한다면 그 즉시 꼰대가 된다. 요즘 말로 '젊은 꼰대'라 불릴 것이다. 하지만 50대라도 열린 마음으로 다양한 관점을 수용하고 존중하며 그로부터 의미 있는 메시지를 형성하는 데 집중한다면 환영받을 것이다.

안경은 다양하게 준비돼 있다. 문제는 우리 자신일 뿐이다. 지금 끼고 있는 안경을 벗어놓고 다른 안경을 기꺼이 착용해볼 용기와 실행력이 있다면 우리는 환경의 변화무쌍함과 복잡성을 갈무리할 의미를 찾아낼 수 있다.

하얀색 외벽도 밤에 붉은 가로등 조명을 받으면 붉게 보인다. 그렇기에 외벽의 본래 색을 알려면 낮인지 밤인지 확인해야 하고 밤에 켜진 가로등 조명의 색상과 속성도 함께 살펴야 한다. 사실은 언제나 맥락 속에 존재하기에 사실을 데이터로만 보려 하면 그 순간 사실은 의미를 잃고 불완전해진다. 외벽에 대해 알고자 하지만 정작 외벽에 대한 당시의 사실만으로는 부족하다. 외벽을 바라본 시간대와 외벽을 비추고 있는 가로등 조명도 함께 고려해야 비로소 외벽의 실체를 제대로 알 수 있다.

낮인지 밤인지를 고려해야 한다고 한 것은 맥락을 보자는 말이다. 그리고 가로등 조명의 색상과 속성을 파악하자고 한 것은 관점을 확인하자는 말이다. 맥락과 관점을 파악하는 것은 사실을 본질적으로 해석하게 하고 오류를 줄여준다.

우리는 사실 데이터를 집적한 AI가 제시하는 표피적 세상을 따라가면서 현실의 복잡성을 작위적으로 줄이려 하지 말고 있는 그대로 감수하고 감지해야 한다. 이럴 때 세상의 현실을 헤쳐나가는 법을 익히면서 우리가 어디에 있고, 어디로 향하고 있는지 정교하게 다듬을 수 있는 해석 능력을 개발할 수 있다.

4

데이터 너머의 느낌표를
소환하라

느낌표의 축적

아내와 사귀기 시작한 연애 초기에 있었던 일이다. 어느 날 아내가 전화로 다음과 같이 물었다.

"요즘 무슨 영화 하지?"

'음? 영화? 웬 영화? 영화 별로 안 좋아하지 않았나?'

별의별 생각이 급하게 스쳐갔지만 나의 대답은 이랬다.

"영화? 음… ○○○랑 △△△ 하는 것 같던데. 갑자기 영화는 왜?"

"아니, 그냥. 친구가 갑자기 물어봐서…. 알았어."

지금까지도 그때 왜 그 질문을 했는지는 확인하지 않았다. 괜히 긁어 부스럼을 만들 수도 있으니 말이다. 다만 만약 아내가 그 질문을 다시 한다면, 나의 대답은 다음과 같을 것이다.

"영화? 와, 역시 당신하고 나는 통하는 거 같아. 안 그래도 이번 주말에 영화도 보고 맛있는 것도 먹을까 했는데. 요즘 영화 중 ○○○이 당신 감성에 맞을 것 같은데. 어때, ○○○ 예매할까?"

살면서 해석하는 지혜를 얻은 것이다. 같은 말에서 맥락을 읽고 상대의 말이 가지는 숨은 뜻을 알아채는 눈치가 생겼다. 아내는 그때 분명 의도를 숨기고 돌려서 표현했다.

"뜬금없이 지금 웬 영화?"라고 느껴지는 것은 아내가 이야기한 사실만 바라봐서 그렇다. 하지만 아내는 "그동안 서로 바쁘게 지내면서 좀 소원해진 것 같아. 영화라도 보면서 시간을 함께 보내면 좋겠어."라는 맥락에서 그런 말을 했을지 모른다. 이때 중요한 것은 아내의 숨은 의도를 감지할 수 있는가다. 감수성이 풍부하다면, "요즘 영화 뭐 하지?"란 표현 뒤에 숨은 "당신하고 시간을 보내고 싶어."를 알아챌 것이다. 메시지를 감지할 수 있다면 적합한 행동을 선택할 확률도 높다.

대학생 때보다 나아진 감수성과 감지성. 그저 나이만 먹은 게 아니라 정말 다행이다. 하지만 가만히 생각해보니 세월에 따라 저

절로 감수성과 감지성이 나아진 건 아닌 것 같다. 나는 아내와 좌충우돌하며 살아오면서 아내의 말과 행동이 가지는 이면의 맥락을 더 많이 이해하게 된 것이다. 이면에 대한 이해가 키질수록 드러난 사실 이면의 맥락을 더 잘 확인할 수 있게 됐고, 그러면서 많은 느낌표를 만들게 됐다. 그리고 이 느낌표들은 다시 아내는 물론 아이들, 그리고 가정 전체에 대한 새로운 감수성과 감지성으로 그 크기와 깊이를 더해주는 근간이 됐다.

느낌표의 축적은 곧 해석 능력이 된다. 만일 내가 아내와 오랜 시간 떨어져서 함께 부대끼며 살지 못했다면 과연 느낌표의 양과 질은 어땠을까?

당신의 감수성은 어디에 있는가

우리가 어떤 문제에 대한 답을 얻고자 한다면, 관련된 경험을 꺼내 예리한 감수성으로 관찰할 필요가 있다. 이렇게 하기 위해서는 경험을 쌓고 이 경험을 정확히 이해할 수 있도록 우리의 촉을 갈고 닦아야 한다.

그렇다면 이 경험이란 정확히 무엇을 말하는가? 여기서 경험은 단순한 데이터가 아니다. 경험은 세 가지 주요 성분인 감각, 감정,

욕구로 이뤄진 주관적 현상이다. 특정 순간의 내 경험은 내가 감각하는 모든 것, 내가 느끼는 모든 감정, 내 마음속에 원하는 욕구로 구성된다. 그리고 이것들은 우리의 감수성과 감지성에 공고히 연결돼 있다.

감수성은 무엇일까? 경험이 주는 감각, 감정, 욕구에 주목하는 것이다. 그러면 감지성은 무엇일까? 경험이 주는 감각, 감정, 욕구가 내게 미치는 영향, 의미, 메시지를 받아들이고 확인하는 것이다. 지나가는 모든 것에 일희일비해선 안 되겠으나 경험에 항상 열려 있어야 하고, 그 경험들로 인해 내 견해와 행동은 물론 성격에 일어나는 변화까지 섬세하게 주목하고 그것들이 주는 의미들을 잡아내야 한다.

경험, 감수성, 감지성은 끝없는 고리로 이어져 서로를 강화한다. 감수성 없이는 어떤 것을 주체적으로 경험하고 있다고 말할 수 없고, 주체적 수용 없이 의미를 얻었다고 말할 수 없다. 그리고 다양한 경험을 하지 않으면 감수성과 감지성은 고도화될 수 없다. 감수성과 감지성은 수동적으로 책을 읽거나 강의를 들어서 키울 수 있는 것이 아니다. 그것은 실제로 사용해야만 무르익고 성숙하는 인간 고유의 실질적 능력이다.

커피를 예로 들어보자. 당신이 달콤한 커피 한 잔을 마시면서 포털 기사를 읽는 것으로 하루를 시작한다고 해보자. 그런데 어느 날 문득 당신은 커피의 설탕과 기사 내용 때문에 온전한 커피의 맛을 거의 느끼지 못한다는 사실을 깨닫게 되었다. 그래서 설탕의 양을 줄이고 스마트폰을 옆으로 치우고, 눈을 감고 커피 그 자체에 집중하기로 했다. 먼저 커피의 향과 맛을 음미하는 데 집중했다. 이러기를 몇 날, 당신은 이윽고 다양한 커피를 실험하면서 그 커피들의 톡 쏘는 신맛과 향을 느끼기 시작했고 비교할 수도 있게 됐다.

급기야 몇 달 뒤 당신은 편의점 커피를 끊고 커피 전문점에 가서 본격적으로 커피를 구매했다. 그중에서도 특히 '코피 루왁'이 마음에 들었다. 루왁은 인도네시아어로 '사향고양이'라는 말이다. 사향고양이는 시각과 후각이 예민하여 잘 익은 커피 열매만 골라 따먹는다. 이때 겉껍질과 내용물은 소화하는 반면 딱딱한 씨는 그냥 배설하는데, 해가 뜨기 전 사향고양이의 변을 수거해 원두만 추출해서 커피를 만들게 된다. 이것이 바로 세상에서 가장 비싼 코피 루왁이다. 체내의 효소 분해 과정에서 많은 아미노산이 분해되면서 코피 루왁만의 독특한 향과 맛이 나기 때문이다.

이런 식으로 당신은 커피를 한 잔 마실 때마다 커피에 대한 감수성을 연마해 '커피 감별사'가 된다. 만일 내가 커피를 처음 마시기 시작했을 때, 당신이 코피 루왁을 내게 권했다면, 나는 별 차이를 느끼지 못했을 것이다. 그 커피의 맛과 향이 내게는 별 의미 없었을 것이다. 필요한 감수성을 갖추지 않으면 표면적인 경험을 할 수밖에 없고 감수성 수준이 낮으면 의미를 감지할 수 없다.

다른 미적·윤리적 영역도 다르지 않다. 우리는 양심을 완비하고 태어나지 않는다. 인생을 살아가면서 상처를 주고받기도 하고 도움을 베풀고 받는다. 주의를 기울이다 보면 도덕적 감수성이 예민해지고 축적된 경험들을 통해 무엇이 옳고 그른지, 어떻게 행동해야 할지에 대한 격조 높은 윤리적 감수성과 감지성이 생겨난다. 이런 맥락에서 보면 우리의 삶은 경험을 수용하고 의미를 찾으며 무지에서 계몽으로 나아가는 점진적인 내적 변화 과정이라고도 할 수 있다.

철학자 훔볼트Humboldt는 경험을 통해 삶과 세상에 의미를 부여하고 새로운 것들을 해석해나가는 인간의 능력을 다음과 같이 묘사했다.

"우리 인생에는 오직 하나의 최고 정점이 있는데 그것은 느낌만으로 모든 것을 판단할 수 있는 경지다."

이런 최고의 능력을 묵혀둔 채 미래의 주도권을 고스란히 AI에 내어줄 작정인가?

우리에게는 감각이 있다. 지난 세기 동안 기술은 우리를 감각으로부터 멀어지게 했다. 그 결과 우리도 모르게 음미하고 집중하는 능력을 잃었다. 대신 스마트폰과 컴퓨터에 빠져들었다. 요즘 우리는 길에서 일어나는 일보다 사이버 공간에서 일어나는 일에 더 관심이 많다. 미국에 사는 모르는 이들과 이야기하기는 어느 때보다 쉬워졌지만, 아침 식사를 할 때 가족과 대화하기는 더 힘들어졌다. 우리의 눈은 우리를 둘러싼 주변이 아닌 스마트폰에 가 있다. 식사할 때도 스마트폰 화면을 보며 이메일을 확인하거나 텔레비전을 보면서 서둘러 먹을 뿐 서로 대화를 거의 하지 않는다.

메타의 CEO 마크 저커버그Mark Zuckerberg는 우리의 경험을 다른 사람과 공유할 수 있는 도구를 계속해서 개선하는 데 헌신하겠다고 말했다. 하지만 사람들이 실제로 바라는 것은 자기 자신을 경험에 연결해주는 도구인지도 모른다. '경험 공유'라고 부르는 것도 사실은 자신에게 일어난 일을 다른 사람의 관점에서 이해하도록 부추기는 것에 불과한 게 아닌가? 어떤 신나는 일이 일어났을 때 페이스북 사용자가 자동적으로 하는 행동은 스마트폰을 꺼내 사진을 찍고 온라인에 올린 다음 '좋아요'를 기다리는 것이다. 이 과정에서 정작 자신이 느낀 것에 대해서는 거의 신경 쓰지 않는다. 이제 자신의 느낌마저 점점 더 온라인의 반응에 따라 결정되기에 이르렀다.

자기 몸과 감각, 물리적 환경에서 멀어진 사람들은 소외감을 느끼고 방향감각을 잃기 쉽다. 자기 관찰은 결코 쉬운 적이 없었지만 그렇다고 하지 않는다면 시간이 갈수록 더 힘들어질 수 있다.

기술이 발전하면서 우리는 더 속기 쉬워졌다. 가까운 미래에 알고리즘은 절정의 수준에 도달할 것이다. 그러면 사람들은 자기의 실체를 감지하기가 거의 불가능해질 수도 있다. 장차 우리가 누구이며 우리 자신에 관해 알아야 할 것이 무엇인지 결정하는 주체는 AI, 알고리즘이 될 것이다. 알고리즘이 인간을 위한다며 우리의 느낌조차 결정하기 전에 우리의 느낌을 지켜내야 한다.

알고리즘으로 풀 수 없는 실존적 인간의 영역

델포이의 아폴론 신전 입구에는 순례자들을 맞이하는 유명한 글귀가 있다. "너 자신을 알라."라는 문구다. 그리스어로 그노티 세아우톤$_{\gamma\nu\tilde{\omega}\theta\iota\ \sigma\epsilon\alpha\upsilon\tau\acute{o}\nu}$이라는 이 문구는 고대 그리스의 유명한 격언이다. 일반적으로 철학자 소크라테스가 한 말로 기억하지만 그리스의 여행 작가인 파우사니아스에 따르면 이 문구는 델포이 아폴론 신전의 프로나오스(앞마당)에 새겨져 있던 것으로 전해진다. 이 문구는 소크라테스를 포함해 스파르타의 킬론, 헤라클레이토스, 피타고라스, 아테네의 솔론, 밀레투스의 탈레스 등 모두 여섯 명이 인용할 정도로 당시에도 큰 공감을 불러일으켰다. 대부분의 인간이 바쁘게 살지만 결국 진정한 자신에 대해서는 제대로 답하지 못한 채 허망하게 죽음을 맞는다는 사실에 일침을 가하고, 제대로 삶을 살려면 가장 먼저 자기 자신을 알아야 한다는 통찰을 전해준다.

이 고대 현자들의 메시지는 여전히 유효하다. 격변기가 도래할수록, 특히 침체기에 접어들수록 시선을 밖에서 안으로 돌려, 중심을 잡고 자신만의 무기를 개발해야 한다. 이것이 본질적 생존 전략이라는 데 대해 많은 변화관리전문가와 전략가들이 동의한다. 이처럼 예나 지금이나 자기 자신을 조망하는 일이 중요하다는 것은 불변의 진리이지만 어떻게 자신을 이해할 수 있을 것인가는 시간이 갈수록 더 어려워지는 것 같다. 왜냐하면 우리는 이제 우리 자신을 실존으로 이해하려 하기보다는 데이터로 전환하고, 이 데이터를 통해 컴퓨터가 말해주는 사실을 우리 자신으로 간주하기 시작했기 때문이다.

컴퓨터가 보여주는 우리의 모습은 사실fact일지는 모르나 진실

truth이 아닐 수 있다. 진실은 사실을 맥락context에 붙였을 때 비로소 접근을 허용한다. 그렇기에 맥락이 배제된 사실 인식은 왜곡의 여지가 크다. 위험할 수 있다. 그런데 우리는 "너 자신을 알라."라는 생존 전략을 이행하는 데 있어 독이 든 성배를 손에 들고 있는 형국이다. 엄청난 두 가지 혁명, 즉 생명과학 혁명과 정보기술 혁명이 합쳐지는 지점에 와 있기 때문이다.

생물학자들은 인간의 신체를 정복하고 이제는 인간의 뇌와 감정을 해독하고 있다. 더불어 컴퓨터공학자들은 유례없는 데이터 처리 능력을 인간에게 선사하고 있다. 생명기술 혁명과 정보기술 혁명이 합쳐지면 빅데이터 알고리즘이 만들어질 것이고, 이는 인간의 감정과 욕구를 자신보다 훨씬 더 잘 모니터하고 이해할 것이다. 세상에 대한 장악력은 아마도 인간에게서 알고리즘으로 옮아갈 것이다.

그러면 우리 내부 데이터를 장악한 특정 소수집단이나 개인이 이를 이해하고 조작하게 된다. 이렇게 인간 해킹에 성공하면 우리는 정밀 조작된 세상에 무방비로 노출될 것이다. 앞으로 알고리즘에 의존할 수밖에 없을 우리의 의견과 감정은 갈수록 쉽게 조작될 것이다. 따라서 인간만이 우위를 갖는 고유 영역을 발굴해내야 한다.

이를 위해 우리가 해야 할 질문이 있다.

"인간에 대한 모든 것이 정말 데이터로 전환될 수 있는 것인가?"

"만일 데이터화할 수 없는 것이 있다면 그것이 바로 AI와 달리 우리 자신의 차별적 정체성을 드러낼 수 있는 영역이지 않을까?"

경험은 같아도 해석이 다를 수밖에 없는 이유

인간은 이 세상에 각각의 개별자, 즉 개인으로 존재한다. 개인 individual이라는 영어의 어원 그대로 "더 이상 나뉠 수 없다."는 뜻으로 다른 이들과 구분되는 독특한 완전체라는 말이다. 주의를 기울여 자신과 닿으려 하면 내면 깊은 곳에서 분명하고 진정한 자신만의 목소리를 발견하게 된다. 그것이 우리의 자아이고 거기서 세상의 모든 의미와 권한이 나온다. 이런 자아는 경험한 것에 의미를 부여하면서 세상과 관계를 형성해나간다.

경험 자체는 철저히 중립적이다. 따라서 데이터화할 수 있다. 하지만 경험에 대한 의미 부여는 주관적인 것으로 데이터화할 수 없다. 그렇기에 개인에 따라 천차만별이다. 따라서 데이터화하기 어렵다.

개개인의 독특성unique은 경험한 것에 의미를 부여하는 대목에서 비로소 도드라진다. 데이터화할 수 없기에 AI가 원천적으로 범

접하기 어려운 인간만의 청정 지역이 바로 여기에 있다. 의미를 부여하고 해석이 진행되는 바로 그 지점, '감지'가 시작되는 바로 그곳이다.

기계와 다른 인간 고유의 영역을 본질적으로 고찰하는 데 있어 '경험'과 '해석', '감수'와 '감지'라는 개념이 필요함을 일깨워준 중대한 실험을 소개하고자 한다. 2002년 노벨경제학상을 수상한 대니얼 카너먼Daniel Kahneman의 '대장내시경 체감 연구'다. 지금은 대부분의 환자가 수면내시경을 받지만 이 연구가 진행된 1990년 초만 해도 일반적이지는 않았다.

이 실험에는 총 154명의 환자가 참가했고 실험 시간은 가장 짧게는 4분, 가장 길게는 69분이 걸렸다. 연구에 참가한 환자들에게는 60초마다 그 순간의 고통 정도를 알려주었다. 그래프에서 0은 '전혀 고통 없음'을, 10은 '고통스러워 참을 수 없음'을 뜻한다. 그래프를 보면 알 수 있지만, 대장내시경을 받는 동안 환자들이 체감하는 고통은 각기 매우 달랐다. 다음 도표를 보자.

A환자는 내시경이 8분 동안 진행된 반면 B환자는 24분 동안 진행됐다. A, B, 두 환자 중 어떤 환자가 더 많은 고통을 받았을까? 대부분은 B환자가 A환자보다 힘들었을 거라고 생각한다. B환자는 A환자보다 오랫동안 내시경을 받았고, 고통의 영역도 분명 더

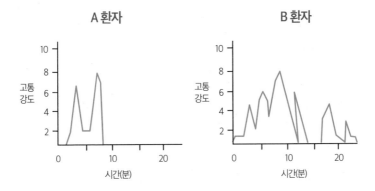

A 환자   B 환자

컸기 때문이다.

연구진은 대장내시경이 끝나고 모든 참가자에게 내시경을 받는 동안 겪었던 총 고통의 양을 평가하도록 요청했다. 연구진 역시 B환자가 총 고통의 양을 더 크게 평가할 것이라 생각했지만 환자들의 보고 결과는 예상을 완전히 빗나갔다. A환자가 B환자보다 더 큰 고통의 양을 평가한 것이다. 무엇이 이렇게 만들었을까? 내시경이 끝나기 직전 A환자는 고통이 7 수준이었는데 B환자는 고통이 1 수준에 불과했다. 지속시간은 B환자가 더 길었지만 총 고통을 평가하는 데 있어 지속시간보다는 마지막에 어떻게 종결되었는지가 더 크게 작동한 셈이다. 고통의 최고 정점을 찍는 순간 실험이 종결된 A환자는 고통의 최고 저점을 찍는 순간 실험이 종결된 B환자보다 대장내시경의 총 고통을 크게 느낀 것이다.

카너먼은 이 연구를 통해 우리가 경험을 할 때는 순간순간을 인식하는 반면 이 경험을 해석할 때는 '정점-결말 법칙peak-end rule', '지속시간 무시duration neglect'를 따르고 있음을 밝혀냈다. 즉, 경험이 고통스러운 것이라면 경험할 때는 되도록 짧게 지나가기를 바라지만 경험을 평가하고 해석할 때는 고통의 정점과 마지막 순간만 기억해, 둘의 평균으로 경험 전체의 의미를 부여한다는 것이다. 이에 따르면 A환자와 B환자의 총 고통의 양은 각각 7.5와 4.5가 된다. A환자는 B환자보다 대장내시경에 대해 훨씬 더 나쁜 기억을 품게 되는 것이다. 똑같은 대장내시경을 진행했지만 A환자의 고통은 B환자보다 더 컸다.

그렇다면 환자들은 어떤 방법을 선호할까? 짧고 아픈 검사일까, 아니면 길고 조심스러운 검사일까? 앞서 살펴본 대장내시경 체감 연구의 결과에 따르면 이 질문의 답은 어디에 초점을 두느냐에 따라 달라진다. 경험 자체에 초점을 맞춘다면 환자는 아마 짧은 검사를 선택할 것이다. 하지만 경험을 해석하는 쪽에 초점을 둔다면 길고 조심스러운 검사를 선호할 가능성이 높다. 이 때문에 의사들은 경험의 해석에 초점을 맞춰 검사 막바지에 불필요하지만 몇 분간의 둔한 통증을 추가한다. 이것이 검사 전체를 덜 고통스러운 것으로 해석하게 해주기 때문이다.

실제로 소아과 의사들은 아픈 주사를 놓거나 불쾌한 검사를 실시한 뒤 아이들에게 사탕 몇 개를 건넨다. 후에 병원에 갔던 일을 떠올릴 때 병원을 나오기 직전 받은 사탕의 즐거움이 불안과 통증의 기억을 지워줄 것이기 때문이다. 또한 많은 여성들이 출산하는 동안 참을 수 없는 고통을 겪는데, 이를 생각하면 어떤 여성도 두 번 다시 출산하려 하지 않을 것이다. 하지만 분만 마지막 순간과 이후 며칠 동안 산모의 몸에서는 코르티솔과 베타엔도르핀이 분비된다. 이는 통증을 줄이고 안도감 및 고양감을 증대시킨다. 여기에 더해 아기에 대한 사랑, 가족, 친지, 지역사회와 국가의 응원이 더해지며 출산의 경험은 고통을 뛰어넘어 가장 큰 행복으로 해석된다.

너의 의미 체계를 알라

이처럼 우리의 자아는 경험과 해석을 통해 세상과 지속적으로 대화한다. 경험과 해석은 긴밀히 얽혀 있다. 우리는 해석할 때 경험을 중요한 원재료로 이용한다. 그리고 해석하고 평가한 의미들은 다시 새로운 것을 경험할 때 그것을 받아들이는 데에 영향을 미친다. 우리는 금식 기도, 건강검진을 위한 금식, 가난 때문에 배고팠던 경험을 각각 다르게 인식한다. 경험을 해석할 때 배고픔에 부여하는 각기 다른 의미들이 매우 다른 경험을 불러일으키기 때문이다.

때로 경험과 경험의 해석은 서로 반대편에 설 때도 있다. 새해를 맞아 다이어트를 시작하고 매일 운동하기로 결심하지만 오래가지 못하는 것이 바로 그런 경우다. 우리의 결심은 언제나 해석을 통해 얻은 의미에서 나온다. 하지만 막상 운동할 시간이 되면 새겼던 의미보다는 경험 그 자체로 초점이 바뀐다. 당장은 의미를 가진 운동보다 소파에 앉아 피자를 입에 물고 텔레비전을 보는 현재의 경험을 더 선호하는 것이다. 작심삼일의 원인이 바로 여기에 있다.

이제 처음에 언급한 델포이 아폴론 신전의 문구를 다시 떠올려보자.

"너 자신을 알라."

우리는 우리 자신을 날것의 경험이 아니라 그 경험의 해석과 동일시한다. 감수를 넘어 감지를 통해 자신의 정체성을 만들어간다. 우리가 '나'라고 말할 때 그 의미는 순간순간 겪은 경험들을 모은 것이 아니라 우리가 경험에 부여한 의미들의 모음이다. 우리는 변화무쌍하고 무질서한 삶의 경험들로부터 우리가 추려낸 의미 체계와 스스로를 동일시한다. 이렇게 봤을 때 "너 자신을 알라."라는 질문은 다음과 같이 바꿔 표현할 수 있다.

"너의 의미 체계를 알라."

우리의 고민을 다시 되뇌어보자.

"기계와 달리 우리가 여전히 우위에 있는 영역은 무엇인가?"

경험으로부터 의미를 부여하고 만들어내는 모습이 머릿속에 강력한 후보로 떠오르지 않는가?

우리의 경험 자체는 철저히 중립적이다. 따라서 모든 경험은 기계가 데이터로 저장하고 이를 통해 우리에 대한 알고리즘을 만들 수 있다. 하지만 우리는 경험한 것을 특정 상황에서 다시 꺼내 의미를 부여한다. 그래야 세상에서 벌어지는 것들에 주체적으로 대응할 수 있기 때문이다.

그런데 이 의미 부여는 경험과 달리 중립적이지 않다. 개인에 따라 각양각색이기 때문이다. 그래서 이것은 데이터화하기 어렵다. 이것이 바로 여전히 우리가 기계보다 우위를 주장할 수 있는 마지막 고유의 영역이다.

경험의 축척을 통해 프로네시스를 구하라

앞서 나는 경험을 섬세하게 받아들이는 축을 '감수성', 이로부터 의미를 만들고 연결하는 것을 '감지성'이라고 명명했다. 경험이 감수성을 지나 감지성에 이르면 개인이 가지고 있는 기존 의미 체계를 통해 내재화되며 자기 것이 된다.

따라서 감지성은 알고리즘식 사고와 정반대다. 알고리즘식 사고는 특수성이 배제된 불모지에 존재하지만, 감지성은 전적으로 개인의 개별화되고 구체화된 맥락 속에 자리 잡는다. 알고리즘식 사고는 1초당 수조 테라바이트의 정보를 처리하면서 넓게 나아가지만 감지성은 깊게 파고들어간다.

아주 오래 전 고대 그리스의 철학자 아리스토텔레스Aristoteles는 이런 감지성을 이미 인식하고 있었다. 그는 이 감지성을 실천적 지혜를 의미하는 '프로네시스phronesis'라고 불렀다. 그러면서 추상적 원리와 규칙에 대한 지식만으로는 프로네시스를 발휘할 수 없기에 충분히 소화된 경험의 축적이 있어야 한다고 강변했다. 즉, 프로네시스는 지식뿐 아니라 경험까지 능숙하게 통합할 때 얻을 수 있다는 것이다.

스타벅스 사례를 예로 들어보자. 2017년 3월, 스타벅스는 국내에서 매출 1조 원을 달성했다고 발표했다. 2위가 2,000억 원 정도였으니 독보적인 1위라 할 수 있다. 이런 스타벅스의 성공이 기술과 정량적 분석 덕분이었다고 보는 사람들이 많았다. 최신 커피머신과 로스터, 정돈된 공급망, 잘 설계된 모바일 앱, 회사의 성장을 이끌 최신 금융기술 등이 성공을 이끌었다는 것이다.

그러나 이런 요인들은 스타벅스가 성공한 원인의 절반 정도에 불과하다. 나는 더 비중 있게 봐야 할 요인으로 스타벅스의 정신과 존재 이유가 부각된 브랜딩, 단순하면서도 심대한 문화적 통찰을 꼽고 싶다. 스타벅스의 CEO 하워드 슐츠Howard Schultz는 남유럽의 커피 문화를 미국은 물론 전 세계 삶의 틀에 미세 보정fine tuning하는 법을 알아냈다.

지금은 너무나 명백해 보이지만 불과 35년 전만 해도 유럽을 제외한 대부분의 국가에서 커피라고 하면 인스턴트 캔 커피를 뜻했다. 그러나 슐츠는 사람들이 커피 말고도 서로 소통하고 공유하는 공간에 대한 갈증이 있음을 감지해냈다. 그는 커피 제조 기술과 경영을 위한 정량적 분석에 의존하지 않고, 이탈리아로 가서 유명한 카페 수십 곳을 견학했고 커피를 매개로 한 이탈리아인들의 분위기와 문화에 대한 질감 있는 감수성을 높였다. 아리스토텔레스가 말한 프로네시스는 바로 이렇게 드러나는 것이다.

5

상황이 복잡할수록
놀이와 탐색을 즐겨라

환경의 속성

가족과 함께 제주도 김녕미로공원에 간 적이 있다.

"아빠보다 빨리 빠져나가는 사람은 소원 들어줄게."

의기양양하게 아이들에게 내기를 걸었다. 아내는 사진을 찍어 준다며 전망대로 올라갔다. 입구에 서자마자 두 아이는 쏜살같이 달려들어갔고, 나는 어떻게 할까 생각을 시작했다.

'우선 갈림길에서 모두 오른쪽으로 가보는 거야. 막히면 다시 처음으로 돌아와 확인된 길들을 하나씩 제외하면서 다시 해보는 형태로 하자.'

결과는 어떻게 됐을까? 아이들이 먼저 빠져나왔다. 그것도 내가 처음으로 돌아오기를 세 번째 반복하고 있을 때 말이다. 중학교 시절 모 은사님이 학생들의 질문에 답을 바로 못했을 때 하셨던 농담이 떠올랐다.

"쪽팔림이 단독 드리블한다."

이 말에 이토록 격하게 공감할 상황이 생길 줄은 몰랐다.

당신이 지금 미로의 한복판에 서 있다고 해보자. 당신은 미로를 빠져나가기 위해 무엇을 하겠는가?

나는 아이들이 왜 나보다 빨랐을까 생각해봤다. 이 질문은 결국 '앞이 보이지 않는 길, 가보지 않은 길을 가능한 빠른 시간 안에 통과하기 위해 가장 중요한 것은 무엇일까?'에 관한 것이었다. 의외로 답은 간단했다. '일단 시도하고 빠르게 실패하기'다. 미지의 갈림길에서 오른쪽과 왼쪽을 결정하는 데 1분을 쓰는 것과 한 시간을 고민하는 것은 차이가 있을 듯하지만 사실은 차이가 없다. 실행할 시간만 줄어들 뿐이다.

갈림길에서 신중하게 분석해서 출구로 통하는 길을 더 잘 찾을 수 있다면 고민의 시간은 당연히 의미가 있다. 하지만 미로는 그렇지 않다. 분석적 사고에 대한 의존이 큰 의미가 없다. 그렇기에 조금이라도 빨리 시도하고 실패한 후 왼쪽이 아니라는 사실을 발견하는 것이 중요하다. 미로공원에서 아이들은 빠른 시도와 실패를 통해 길을 찾았고 나는 분석했던 것이다. 그래서 결과도 달라졌다. 환경 변화는 경기 방식 자체를 바꿔야 한다는 사실을 말해주고 있다.

"우리가 처한 환경의 속성은 무엇인가?"
"변화와 관련해 이 속성이 말해주는 메시지는 무엇인가?"

먼저 우리가 맞이하고 있는 환경의 속성이 어떤지 들여다보자.

혼돈의 정점, 슈퍼 뷰카의 시대

우리의 환경은 이제 예측 불가의 첨단 미로가 된 듯하다. 변화가 빠르고 유동적이며 불확실하고 복잡한 뷰카VUCA의 특성을 지녔기 때문이다. 뷰카는 변동성volatility, 불확실성uncertainty, 복잡성complexity, 모호성ambiguity의 앞 글자를 딴 약어로, 9·11테러를 겪고 난 후 향후 전장 상황을 묘사하며 처음 언급되었다. 그러다 지금은 우리가 처한 환경을 설명하는 용어로 통용되고 있다. 빠른 기술혁명 때문에 사회가 어떻게 바뀔지 예측하기 어렵고 시장 상황 역시 시시각각 변하고 있기 때문이다. 데이터, 알고리즘, 생명공학이 합

종연횡하면서 이제는 뷰카를 넘어 '슈퍼 뷰카super VUCA' 시대가 되었다.

이렇듯 무엇 하나 분명하고 확정된 것이 없으며 바뀔 가능성이 늘 존재한다. 불확실성이 커지니 늘 좌불안석이다. 이 때문에 뷰카가 제시하는 환경의 모습은 말 그대로 혼란, 즉 '카오스chaos'다. 너무나 많은 힘이 작용하고 있으며 이들 간의 상호작용은 복잡해서 힘의 크기나 상호작용 방식이 조금만 달라져도 결과에 막대한 차이가 생겨난다.

카오스적 환경을 엿볼 수 있는 대표적인 예는 시장이다. 만일 우리가 내일의 금 시세를 100퍼센트 정확히 예측하는 컴퓨터 프로그램을 개발하면 어떤 일이 일어날까? 금 시세는 예측에 즉각 반응할 것이고, 해당 예측은 실현되지 않을 것이다. 가령 현재 가격이 금 한 돈(3.75그램)당 6만 원인데 내일은 7만 원이 될 것이라고 슈퍼컴퓨터가 예측한다면 어떻게 될까? 거래인들은 그 예측에 따른 이익을 보기 위해 급히 매입 주문을 낼 것이고 그 결과 가격은 내일이 아니라 오늘 7만 원으로 치솟을 것이다. 그러면 내일은 어떤 일이 일어날까? 아무도 모른다.

카오스적 환경은 앞뒤 선후 및 인과관계를 명확히 확인하는 것이 불가능하다. 따라서 높은 긴장감이 존재하며 해답을 찾기 위해 많은 의사결정이 필요한 반면 할애할 시간은 부족하다. 이럴 경우 상황 판단 자체가 불가능해서 변화의 시기와 기회를 원천적으로 상실하고 혼란 상황은 기약 없이 지속될 수 있다.

그러면 해법은 무엇일까? 정답을 찾는 접근보다 먼저 해야 할 것을 결정하고, 관련 커뮤니케이션을 진행하며, 현 상황을 규칙이나 패턴으로 전환해서 살펴보는 것이다. 속절없이 정답 놀이에 시간을 탕진하기보다 '시도해보고 실패하기'를 통해 근사치를 빠르게 뽑아내는 게 맞다. 하지만 여기에는 고도의 해석 역량이 발휘되어야 한다. 문제의 본질 확인, 실패의 원인과 이를 통한 교훈, 다음 시도에 반영해야 할 유의미한 메시지를 추릴 수 없다면 실패의 횟수는 훈장이 아니라 비효율로 전락할 것이다. 우리에게 귀감이 될 만한 사례를 살펴보자.

해석의 힘, 인류 최초로 하늘을 날게 하다

인류에게 하늘길을 열어준 사건이 20세기 초에 일어났다. 당시 비행기를 만들어 하늘에 띄우겠다는 생각은 오늘날 인간 전체를 생체 알고리즘화하겠다는 생각만큼이나 발칙한 발상이었다. 당시 환경은 지금 기준으로 보면 빤히 들여다보이는 상황이라 할 수 있겠지만 그때 사람들에게는 요즘 말하는 뷰카 상황이었다. 이런 상황 속에서 비행기 개발에 도전한 대표적 두 경쟁자가 있었다. 바로 새뮤얼 피어폰트 랭글리Samuel Pierpont Langley 교수와 라이트 형제로 알려진 형 윌버 라이트Wilbur wright와 동생 오빌 라이트Orville wright였다.

하버드 대학교 수학과 교수이자 스미스소니언협회 고위 임원이며, 전화기 발명가 알렉산더 그레이엄 벨의 친구였던 랭글리에게는 정부의 막대한 후원과 언론의 관심이 있었다. 반면 라이트 형제는 그들이 운영한 자전거 점포에서의 수입과 부모님의 격려가 유일한 연구 재원이자 후원이었다. 또한 랭글리 교수에게는 관련된 기존 이론과 연구 결과들을 분석·종합하고 이를 통해 사실을 예측할 수 있는 수준 높은 연구팀이 있었으나 라이트 형제에게는 자신들, 즉 윌버와 오빌 둘뿐이었다.

하지만 라이트 형제에게는 랭글리 교수와 그 팀이 가지고 있지 않은 확실한 경쟁우위 요소가 한 가지 있었다. 바로 엄청난 시도와 실패, 그리고 여기서 발휘된 민첩한 해석 역량이었다. 새롭고 다양한 시도를 반복하는 가운데 그들은 비행에 대한 감수성이 섬세해졌으며 많은 실패로부터 양질의 메시지와 통찰을 끄집어내는 감지성이 고도화되었다. 그리고 이를 통해 결국 그들의 기술 역량도 극대화되었다. 해석 역량이 기술 역량의 메타역량이 됨을 입증해 준 셈이다.

랭글리 교수의 팀은 기술 부족으로 라이트 형제에게 진 것이 아니다. 그들이 하는 일과 기술에 대한 감수성과 감지성, 즉 해석의 힘이 약해서 진 것이다.

랭글리 팀은 비행기에 관하여 정답을 맞히고자 했고 라이트 형제는 비행의 본질에 대한 통찰을 얻고자 했다. 이 때문에 랭글리 팀은 기존 연구들을 토대로 정립한 그들의 생각 틀에서 벗어나지 않게 비행기 개발 계획을 세우고 관련된 이슈와 문제를 해결하는 방식을 취했다. 랭글리는 비행기란 모름지기 일단 땅에서 높이 떠야 한다는 것에 집착했다. 이 때문에 그의 모든 계획은 무거운 기체를 공중으로 높이 띄우기 위한 엔진 개발에 집중되었다.

하지만 라이트 형제는 무거운 기체를 높이 띄우는 것보다는 높이는 낮더라도 원하는 방향과 지점에 어떻게 정확히 갈 수 있는가의 문제, 즉 양력揚力과 제어에 초점을 맞췄다. 이 때문에 윌버와 오빌은 새가 나는 모습과 가만히 서 있으면 넘어지는 자전거의 모습을 관찰하면서 바람의 양력을 어떻게 극대화하고 원활히 조정할 수 있을지 고민했다.

또한 랭글리는 외부의 눈과 자신의 명성을 중요시했기에 실패를 두려워했다. 이 때문에 그는 기존 비행 이론을 벗어난 생각을 원천적으로 해보지 않았고 기존 틀 안의 가설에만 의존했다. 그리고 단 두 번 실험했다. 반면 윌버와 오빌은 기존 이론 외에 다양한 가설을 받아들이며 가볍고 작은 기체를 만들어 수백 번이 넘는 실패를 반복했다. 비행과 비행기에 대해 누가 더 감수성이 섬세해지고 누가 더 많은 양질의 메시지를 감지했겠는가?

1901년 윌버와 오빌은 양력을 증대시키기 위해 더 넓은 날개 면적을 가진 글라이더를 만들고, 그해 7~8월 동안 무려 50~100회의 비행을 했다. 하지만 모두 실패였다. 너무 실망한 나머지 형 윌버는 동생 오빌에게 다음과 같은 말을 건넸다. 후에 두고두고 회자되는 유명한 말이다.

"인간은 분명 날겠지만, 우리들이 살아 있을 때는 아닐 거야."

자조 섞인 표현이지만 포기한 것은 아니었다. 이들의 실험은 횟수만 많은 것이 아니었기 때문이다.

무수한 실험과 실패를 통해 비행의 가장 핵심이 되는 양력과 제어에 대한 감수성과 감지성이 섬세하게 고도화되었다. 날개가 바람을 받거나 바람을 일으킬 자체 추진력이 있다면 양력이 발생한다. 이 양력은 바람의 속도와 날개의 면적에 비례한다. 18세기 토목기사였던 존 스미턴John smeaton이 날개 크기와 양력 사이의 관계를 밝혀냈는데 이른바 스미턴 상수라 불리는 비례상수는 0.005 였다. 랭글리 팀은 이 수치를 그대로 받아들인 상태에서 자신의 비행 이론을 정교화시켜 나갔다. 하지만 윌버와 오빌은 많은 실험 끝에 이 상숫값이 틀렸으며 보다 정확한 값은 0.0033이어야 함을 찾아냈다. 이는 비행에 충분한 양력을 얻기 위해서는 당시 사람들이 알고 있었던 것보다 날개 면적이 더 커야 한다는 것을 의미했다. 이와 더불어 윌버와 오빌은 같은 면적을 가졌다 하더라도 날개의 가로세로 비율의 차이가 더 큰 것이 더 큰 양력을 낸다는 사실도 알아냈다.

이 결과들을 얻기 위해 그들은 풍동風洞, wind tunnel 장치를 직접 개발하여 활용했다. 풍동은 간단히 말해 인공적으로 빠르고 강한 공기 흐름을 일으키는 장치다. 오늘날 항공기나 자동차 등이 공기 중에서 움직일 때 나타나는 영향이나 공기저항을 연구하는 데 있어 없어서는 안 될 장치다. 윌버와 오빌의 풍동이 바로 효시가 되었다.

또한 양력과 더불어 비행 기술의 핵심이 되는 것이 바로 제어다. 당시 비행 제어를 위해 좌우 양력을 다르게 조절해야 하며 움직일 수 있는 수직 꼬리날개가 필요하다는 것은 이미 알려져 있는 사실이었다. 랭글리 연구팀은 관련 선행 연구 결과들을 개별적으로 수용했기 때문에 이것들을 실제 비행 제어 기술로 어떻게 활용해야 할지에 대한 실질적 통찰을 얻지 못했던 반면 윌버와 오빌은 무수한 실험을 통해 이것들을 창조적으로 조합하면서 이른바 날개 비틀기wing warping와 경사선회banked turn를 발명하게 됐다.

결국 실험실에서 자기들만의 실험을 한 랭글리 팀이 아니라 들판에서 수백 번 떨어지고 깨지고 부서졌던 라이트 형제가 비행의 비밀들을 밝혀냈다. 엄청난 시도와 실패가 결국 성공시킨 것이다.

윌버와 오빌의 비행 성공 소식을 접하자 랭글리는 그날로 모든 연구를 중단하고 윌버와 오빌을 상대로 지난한 소송전을 벌이기 시작했다. 자신의 아이디어를 훔쳐갔다는 것이다. 하지만 이 법정다툼은 끝내 패소했고, 랭글리는 이 의미 있는 랠리에서 역사의 뒤안길로 사라졌다. (후일담에 따르면 랭글리는 여생을 윌버와 오빌에 대한 증오와 복수심으로 보내다 쓸쓸히 죽음을 맞이했다고 한다.)

윌버와 오빌은 하늘길을 열어 인류에게 보다 더 큰 가능성을 제시하겠다는 내적 욕구를 바탕으로 감수성과 감지성을 고도화하고 이를 통해 해석 역량을 더욱 높였다. 그러나 랭글리는 그러지 못했다. 기존 연구의 제약에서 벗어나지 못하고 비행에 대한 고정관념을 스스로 만들어낸 엔진 개발에 고착하면서 혁신과 창의로부터 계속 멀어졌다. 명성이라는 외재적 욕구 때문에 실패와 실수를 두려워했고, 그 결과 단 두 번의 공식 실험 비행을 수행하며 비행에 대한 감을 영영 잃고 말았다.

결국 라이트 형제와의 경쟁에서 최초라는 수식어를 빼앗기자 모든 여정을 스스로 끝내고 만 것이다. 그의 의미 체계가 굳건했다면 최초 비행 성공 소식을 접하자마자 자신이 집중했던 엔진 기술에 윌버와 오빌의 양력과 제어 기술을 합쳐보자고 제안하지 않았을까?

라이트 형제는 비행기로 하늘을 날기 위해 무려 805번 실패하고 806번째에 성공한 것으로 전해진다. 806번째의 성공이란 곧 비행에 대한 감수성과 감지성 연마 과정이 805번이나 되었다는 말이다. 실패를 통해 고도화된 그들의 감수성, 감지성이 비행의 비밀을 풀어냈다. 100여 년 전 윌버와 오빌이 보여준 실패의 미학은 21세기 뷰카 환경을 대비하는 우리에게 훌륭한 온고지신溫故知新이 된다.

다음 페이지의 도표를 통해서 이야기를 정리해보자.

커네빈 프레임워크cynefin framework 모델에 따르면, 일은 다섯 가지 영역으로 대별된다. (이 중 불명확한disorder 영역은 개념상의 영역으로 실체가 없기에 제외한다.)

그렇다면 일은 단순한 일, 혼잡한 일, 복잡한 일, 카오스적인 일로 나눠진다. '단순한 일'은 상황을 감지하여 적절하게 범주화하거나 분류하는 것만으로도 처리할 수 있는 것을 말한다. '혼잡

커네빈 프레임워크 모델

한 일'은 범주화와 분류 정도로는 처리할 수 없는 일이다. 분석이 필요하다. '복잡한 일'은 상황 감지 자체가 쉽지 않다. 상황 감지를 위해서 창의적 추론과 시뮬레이션이 동반된 탐색이 선행되어야 한다. 탐색에서 발견된 실마리를 통해 상황을 감지하게 된다. 하지만 카오스적인 일은 탐색만 가지고도 상황 감지가 어렵다. 처음 마주하는 것이라 추론과 시뮬레이션 자체가 의미 없다. 일단 해봐야 한다. 해보고 난 뒤 돌아오는 피드백을 통해 상황을 감지하고 대응해야 한다.

단순한 일과 혼잡한 일은 AI에게 점점 더 빠르게 넘어갈 것이다. 하지만 탐색과 시도가 일처리의 핵심인 복잡한 일과 카오스적인 일은 당분간 여전히 우리가 처리해야 할 영역으로 남아 있을 것이다. 이것은 곧 여러 조직의 리더와 구성원들이 함께 머리를 맞대고 풀어가야 할 일이 복잡한 영역과 카오스 영역의 일이라는 얘기다.

그렇다면 우리 일터의 모습은 어떻게 바꾸어야 할까? 두 가지를 생각해볼 수 있다. 하나는 단순한 영역과 혼잡한 영역의 일에 매몰되어 지루함에 신음하도록 방치하지 않고 적절한 긴장감을 가질 수 있도록 복잡하거나 세상에 없던 영역의 일을 맡겨 탐색하고 실험하고 시도해보도록 해야 한다.

다른 하나는 지금 하고 있는 일로부터 다른 결과를 내려면 일에 대한 접근과 일하는 방식을 어떻게 바꿔야 할지 도전해야 한다. 꼭 복잡하고 창조적인 일을 주는 것만이 탐색과 실험 경험의 기회 제시라 할 수는 없다. 매번 그런 기회를 만들기도 어렵고, 설령 그런 기회가 있다 하더라도 모두에게 줄 수도 없는 것이니까. 중요한 것은 지금 하고 있는 일이 무엇이든 기존과 달리 탐색하고 실험하고 시도할 수 있도록 기회를 제공하고, 실패에서 교훈을 찾는 풍토를 마련하는 것이다.

더불어 또 하나 우리가 놓치지 않아야 하는 것은 무엇일까? 바로 '빠른 실패'다. 오랜 시간 트렌드를 분석하고 많은 사람들을 대상으로 시장조사를 한 결과 어렵사리 오른쪽으로 사업 방향을 정했다고 하자. 하지만 안타깝게도 분석과 조사 기간 동안 이미 시장 환경은 왼쪽으로 바뀌어 있을지 모른다. 마치 일정 시간이 지체되면 미로 기둥들의 위치와 모양이 바뀌는 것처럼 말이다. 장황한 분석과 고민으로 시간을 지체하기보다 일단 시도하는 것이 중요하다. 만일 주저한다면 아마도 우리는 실수를 창피해하거나 실패를 두려워했던 랭글리의 길을 걷게 될지도 모른다. 혼란의 복잡성 시대에는 실수와 실패를 당연한 것으로 여겨야 한다. 정답을 예상하겠다며 멈칫하는 사이 시도할 기회조차 날아가버리기 때문이다.

이는 곧 카오스 세상을 헤쳐나가기 위해 변화에 대한 우리의 감수성과 감지성을 더욱 고도화해야 한다는 말과 같다. 질서와 패턴이 확인된 것들은 알고리즘화해서 기계의 손에 넘기되, 이전에 경험하지 못한 세상을 수용하고 해석하며 방향을 정해가는 우리만의 고유한 여정을 책임감 있게 수행해나가야 한다.

생물학자 고든 시우Gordon Siu는 변화 적응에 대한 재미있는 비교 실험을 한 바 있다. 이른바 '벌과 파리 실험'으로 불리는 유명한 시험이다. 각각 마개가 없는 유리병에 벌 여섯 마리와 파리 여섯 마리를 넣고 병의 바닥면이 햇볕이 드는 창가를 향하도록 눕혀

놓았다. 그리고 벌과 파리가 어떤 특징적 행동을 보이는지 관찰했다.

여러분은 어떤 곤충이 먼저 빠져나갔을 것이라고 생각하는가? 벌인가, 파리인가?

결과는 파리였다. 좀 놀랐는가? 사실 그러할 만하다. 대부분의 연구는 벌이 파리보다 더 지능이 높다는 사실을 지지하기 때문이다. 벌은 벌집에서의 생활을 통해 출구 쪽에는 빛이 있다는 지식을 학습했다. 그래서 벌들은 모두 빛이 있는 병 바닥 쪽에 모여 탈출을 시도했다.

반면 파리는 학습된 지식이 없었기에 빛 여부와 상관없이 여기 저기 날아다니며 이곳저곳 부딪치기 시작했다. 그리고 이런 과정을 반복한 후에 우연히 출구를 발견하고 2분도 안 되어 모두 탈출했다. 파리가 나간 후에도 벌들은 지금껏 빛이 들어오는 곳이 출구였다는 신념을 놓지 않고 열심히 병 바닥에 부딪히며 악전고투하다 결국 모두 죽음을 맞이했다.

바뀐 환경에서 이전 환경의 지식을 고집하며 정답을 찾았던 벌들은 모두 죽었고, 여기저기 기웃거리며 근사치를 탐색했던 파리들은 모두 살았다.

인류도 이제 유리병이라는 뷰카 상황을 마주했다. 유리병을 4

차 산업혁명이라 불러도 좋고, 당장 내 직업이 사라질 위기 상황이라 간주해도 좋다.

당신은 벌인가, 파리인가?

해묵은 로망을 이루려면

*

2018년 12월 26일, 미국 탐험가 콜린 오브래디Colin O'Brady는 세계 최초로 어떤 도움도 없이 남극을 단독 횡단하는 기록을 세웠다. 11월 3일, 남극 론 빙붕氷棚을 출발한 그는 영하 30도의 추위를 견디며 눈보라를 뚫고 170kg의 썰매를 하루에 12~13시간씩 끌었고, 54일 동안 1,482km를 걸어 마침내 완주에 성공했다.

세상은 이 모험을 인내와 용기로 일궈낸 위대한 도전이라 칭찬했다. 아무도 하지 않은 일을 시도하고, 아무도 가보지 않은 곳에 기꺼이 한 발 내딛는 모험과 도전 정신을 우리에게 보여주었다는 것이다. 예나 지금이나 우리는 이러한 개척 정신을 높이 산다. 인류의 진보는 미지의 영역에 대한 과감한 도전이었으며 앞으로도 그럴 거라는 신념 때문이다. 하지만 모두가 오브래디와 같은 개척 정신을 가지고 있는 것은 아니다.

개척 정신을 기업에 투영하면 앙트러프러너십entrepreneurship, 즉 기업가 정신이 된다. 위험을 감수하고 도전하며 지속적이고 창의적으로 혁신해나가려는 마인드를 말한다. 이 역시 모든 조직과 리더의 로망이다. 지금까지도 그래 왔지만 미래에도 여전히 유효한 인재의 모습일 것이다. 이제 이런 궁금증이 생긴다.

"개척 정신은 기술 역량으로부터 오는가, 아니면 해석 역량으로부터 오는가?"
"기업가 정신은 기술 역량으로 키울 수 있는가, 아니면 해석 역량으로 키울 수 있는가?"

이 질문에 대해 오브래디는 몇 가지 실마리를 제공한다. 오브래디는 얼음과 추위 속에서 홀로 보낸 시간을 이렇게 말했다.

"나는 전력을 다해 몰입하여 깊은 평정심을 유지하는 동시에, 오직 최종 목표에 집중하면서 마음속으로 이 여정이 내게 주는 심오한 교훈들을 하나하나 곱씹었습니다."

오브래디의 말을 염두에 둔 채 다음 질문에 답해보자.

"무엇이 당장 돈 안 되는 일에 목숨을 담보로 도전하게 만들었는가? 기술 역량이었는가, 해석 역량이었는가?"
"54일의 사투 동안 포기하지 않도록 만들어준 동력은 무엇이었는가? 기술 역량이었는가, 해석 역량이었는가?"

새로움이 중요한 기술 역량은 진부화되지 않도록 지속적으로 발전시켜야 한다. 그러나 아무리 업그레이드해도 기술 역량은 자신이 나아갈 방향을 알려주지는 못한다. 그래서 해석 역량이 함께 보조를 맞추어야 한다. 해석 역량은 변화하는 우리 자신과 세상에 대해 의미 체계를 만들어간다. '왜'를 얘기하고 '방향'을 논한다.

세상은 지금 기술 역량이 양산한 데이터, 알고리즘, AI에 관한 신묘한 이야기들로 가득하다. 이들은 미래 주인공 자리를 차지하기 위해 벌써부터 장사진을 치고 있다. 돈과 권력은 끊임없이 기술 역량을 조정하려 한다. 그래서 해석 역량 없는 기술 역량은 늘 근심의 대상이다. 그러니 이 두 역량이 잘 연합된 모습이 바로 우리가 좇아야 할 인재의 본질이다.

우리의 가설은 준비되었다. 이제 미래 인재로 성장할 차례다. 인간의 본질을 가장 충실히 반영하는 미래 인재의 조건은 기술 역량과 해석 역량을 겸비한 '휴탈리티 인재'다. 그러니 이전보다 눈을 더 부릅떠보자. 우리가 주체가 되는 미래 청사진을 그리며 각자 처한 현장에서 필요한 신호들을 찾아 이 가설을 입증해가기를 바란다.

＊

    이 책의 초판은 2020년 3월, COVID19 팬데믹 상황에 출간 되었는데 제약된 상황 속에서도 과분한 사랑을 받았다. '휴탈리티 hutality'는 인간 본성humanity과 기술 발전 능력talent을 합성하여 내가 만든 용어다. 처음 보는 말인지라 어렵고 낯설다는 반응도 있었지 만 책을 열독한 독자들은 휴탈리티의 진짜 메시지를 이해하고 크 게 공감했다. 이러한 공감대는 'AI One Team(대한민국 AI 역량강화 를 위해 출범한 AI 산학연 협력체)'의 추천도서 선정, 2020년도 사회 과학 분야 세종도서 선정, 2021년과 2022년에 걸쳐 한국경제매거 진과 DBR(동아비즈니스리뷰)에서 유력한 미래 인재 및 리더십의 청 사진으로 특별기고 되면서 더욱 확산되었다. 2021년도 산업은행 신입 선발 전형에서는 논술 시험 문제로 출제되기도 했다. 그사이 챗GPTChatGPT라는 생성형 AI 등장을 통해 AI는 우리 일상으로 한 발짝 더 다가왔고 이 현상에 대비해 어떤 실질적인 준비를 해야 하 는지에 대해 리더, 관리자, 회사원, 대학생, 학부형 등 많은 독자들의 문의가 쇄도했다. 이번 개정판은 이러한 기대에 부응하기 위해 출간한 것이다.

이 책의 초판이 세상에 나올 수 있었던 것은, 〈네 안의 등불을 켜라〉라는 나의 강의를 접하고 더 많은 사람들이 알아야 한다며 출간을 권한 박상미 교수 덕분이다. 이번 개정판 역시 그분의 응원이 없었다면 불가능했다. 깊은 감사의 마음을 전한다. 아울러 개정판 발간이 의미 있는 여정이라며 기꺼이 손 내밀어준 저녁달출판사, 이미 초판을 읽었음에도 이번 개정판을 다시 읽고 귀한 추천사를 건네준 건네주신 박정국 사장님, 권헌영 교수님, 오승훈 대표님, 박선웅 교수님, 김선식 부문장님, 장재웅 기자님, 안광복 박사님, 박종규 교수님, 김상학 원장님, 박상미 교수님에게도 감사의 마음을 전한다.

참고문헌

1부

- 나는 인재상의 폐해 중 하나로 내사화를 들었다. 외부로부터의 자극을 주체적으로 소화하는 내재화와 달리 내사화는 소화한 척하는 것에 불과하다. 인재상이 아무리 그럴싸하더라도 자기 의미로 전환되지 않으면 내재화가 아닌 내사화로 쉽게 옮아간다. 소화 능력은 없고 소화한 척하는 사람들이 우리의 학교와 조직에 가득하다면 어떻겠는가? 현실 속에서 우리는 이 내재화와 내사화를 엄밀히 구분하지 않고 있다. 그러다 보니 동력 없는 가식과 혼란이 가중된다. 나는 이 구분을 인재상의 허와 실을 밝히는 핵심으로 보고 이를 통해 인재상을 극복한 '휴탈리티' 개념을 제시했다. 이에 대한 영감은 에드워드 데시와 리처드 플래스트 교수의 다음 책을 통해 얻었다.

  Edward L. Deci, & Richard Flaste, *Why We Do What We Do: Understanding Self-Motivation*, Penguin Books, 1996.

- 역량이라는 개념을 통해 이 책의 메시지를 잘 소화하도록 돕기 위해 나는 기존의 많은 역량 분류를 간단히 기술 역량과 해석 역량 두 개로 구분하여 제시했다. 이 새로운 제안을 위해 다음 논문들로부터 영감을 얻었다.

  Ashworth, P. D., & Saxton, J., "On 'competence'", *Journal of Further and Higher Education* 14(2), 1999, pp. 3-25.

  Barnett, R., "The limits of competence: Knowledge, higher education and society", The society for research into higher education & open university press, 1994.

Darlene Russ-Eft, "Defining competencies: A critique", *Human Resource Development* 6(4), 1995, pp. 329-335.

Garavan, T. N., & McGuire, D., "Competencies and workplace learning: some reflections on the rhetoric and the reality", *Journal of Workplace Learning* 13(4), 2001, pp. 144-163.

Le Deist, F. D. & Winterton, J., "What is competence", *Human Resource Development International* 8(1), 2005, pp. 27-46.

McLagan, P. A., "Competencies: The next generation", *Training and Development*, 1997, pp. 40-47.

Norris, N., "The trouble with competence", *Cambridge Journal of Education* 21(3), 1991, pp. 331-341.

Spencer, L. & Spencer, S., "Competency at work: Models for superior performance", New York: John Wiley and Sons, Inc., 1993.

Timothy, R. A. & Michael, S. O., "Emerging competency methods for the future", *Human Resource Management* 38(3), 1999, pp. 215-226.

• 4차 산업혁명 시대가 언급된 이후부터 많은 용어들이 출몰했다. 그중에서도 비슷한 듯 아닌 듯 많이 혼용되고 있는 용어 중 하나가 바로 'sensing'과 'sense making'이다. 이 두 용어를 좀 더 명확히 구분하는 것이 내가 제시한 해석 역량의 핵심을 드러내는 데 근간이 된다고 봤다. 나는 sensing과 sense making을 각각 감수성과 감지성의 개념으로 구분했다. 이 제안을 구상하기 위해 다음 두 책으로부터 영감을 얻었다.

Madsbjerg, Christian, *Sensemaking: The Power of the Humanities in the Age of the Algorithm*, Hachette Books Scotland, 2017.

Harari, Yuval Noah, *Homo Deus A Brief History of Tomorrow*, Harper

Perennial, 2017.

- '누가 누구를 인재라 하는가?'의 논지 전개를 위해 사용한 생물학자 연구 프로젝트 예시는 다음 책에서 제시된 슬러그혼 교수와 스프라우트 교수의 이야기를 바탕으로 내가 수정하여 사용했다.

  Harari, Yuval Noah, *Sapiens A Brief History of Humankind*, Harper Perennial, 2018.

- 이누이트 족의 낙태 예시는 다음 책에서 인용했다.

  Valeria Alia, *Names and Nunavut: Culture and Identity in the Inuit Homeland*, Berghahn Books, 2007.

2부

- '사람은 왜 행동하는가?'에 대해 20세기는 스키너의 행동주의를 교범으로 간주했다. "원하는 행동을 하면 보상하라." 이 얼마나 간단명료한가? 하지만 이는 내사화란 질병을 앓도록 하는 최고의 원인이 될 수 있다. 나의 독서광 만들기 프로젝트를 떠올려보라. 독서-즐거움 사이에 끼어든 보상이 이들의 관계를 손상시키고 딸아이를 내사화의 상태로 직행하게 했다. 이를 환기시키는 할로 교수의 원숭이 실험은 다음 그의 논문에서 인용했다.

  Harry Harlow & Robert Zimmermann, "Affectional Responses in the Infant Monkey", *Science* 130(3373), 1959, pp. 421-432.

- 나는 내사화를 피하기 위해 외부에서 제시되는 욕구보다는 내부에서 들려오는 욕구에 더 귀를 기울이고 해석 역량을 통해 외부 욕구를 주체적으로 관리할 것을 제안했다. 외부에서 오는 욕구와 내부에서 오는 욕구는 각각 무엇인가? 내부 욕구가 외부 욕구보다 선행되고 주도하도록 하면 우리

가 얻을 수 있는 것은 무엇인가? 나는 이 질문에 답하기 위해 리처드 라이언과 팀 캐서의 연구에서 제시된 여섯 가지 열망aspiration 개념을 참고했다. 이 논문에서 인용된 '거짓 자아', '조건부 자아존중감'의 의미를 곱씹어보기 바란다.

Kasser, T., & Ryan, R. M., "A dark side of the American Dream: correlates of financial success as a central life aspiration", *Journal of Personality and Social Psychology* 65(2), 1993, pp. 410-422.

• 우리는 앞으로도 계속 시험이란 외적 자극을 동기부여 드라이버로 사용할 것인가? 우리에게는, 아니 앞으로 우리 아이들에게는 암기한 것을 기억해 내는 리콜recall 능력이 더 필요할까, 아니면 개념을 깊이 있게 소화해내는 능력이 더 필요할까? 이 판단을 위해 나는 리처드 라이언과 웬디 그롤닉 교수의 연구를 인용했다.

Grolnick, W. S., & Ryan, R. M., "Parent styles associated with children's self-regulation and competence in school", *Journal of Educational Psychology* 81(2), 1989, pp. 143-154.

• 인재상 제시, 결과물 이미지 제시. 금전적 보상, 마감 기한 설정, 평가 등을 떠올려보라. 모두 잘해보자며 해오고 있는 것 아닌가? 하지만 안타깝게도 이 모든 것은 우리 내면의 욕구와 동기를 훼손하는 것으로 밝혀졌다. 모두 외부로부터 급히 제시되기에 내재화를 방해하고 내사화를 창궐하게 돕는 장치들이다. 이를 뒷받침하는 실험 결과는 스탠퍼드 대학교의 마크 레퍼 교수의 책에서 인용했다.

Mark R. Lepper, David Greene, *The Hidden Costs of Reward: New Perspectives on the Psychology of Human Motivation*, Psychology Press, 2015.

• 자기의 내적 욕구에서 동력이 나오면 우리는 비로소 진정한 창의를 얻을

수 있다. '내적 욕구-내재화 가속-창의', '외적 욕구-내사화 가속-흉내'라
는 구도인 것이다. 이런 생각은 심리학자 테리사 애머빌의 책에서 영감을
얻었다.

Teresa M. Amabile, *Creativity In Context: Update to "The Social Psychology of Creativity"*, Routledge, 1996.

- 경험을 감각, 감정, 욕구로 구분한 것은 대니얼 카너먼과 댄 애리얼리의
분류를 원용했다. 물론 이들은 경험을 이 세 가지가 만들어내는 정교한 알
고리즘으로 간주하고 있지만 나는 여기서 영감을 받아 날것인 사실 데이
터와 자기 의미화된 맥락 데이터로 구분해야 한다고 말했다.

Daniel Kahneman, *Thinking, Fast and Slow*, Farrar, Straus and Giroux, 2013.

Dan Ariely, *Predictably Irrational*, Harper, 2009.

- '우리의 경험을 다른 사람과 공유할 수 있는 도구를 계속해서 개선'하는
데 헌신하겠다고 한 메타의 CEO 마크 저커버그의 말에 대해 공감하는
가? 우리는 그저 경험을 공유하고 싶은 것이지 공유 능력이 향상되는 것을
원하고 있는 것은 아니지 않은가? 혹시 저커버그의 진짜 속내는 소유 4.0
시대가 되었으니 구글이나 인스타그램보다 빠르게 데이터를 축적하고 싶
은 것 아닐까? 저커버그의 말은 다음 두 개의 출처를 참고하여 인용했다.

John Shinal, Mark Zuckerberg: Facebook can play a role that churches and Little League once filled, CNBC, 27 June 2017, https://finance.yahoo.com/news/mark-zuckerberg-facebook-play-role-221758363.html?guccounter=1&guce_referrer=aHR0cHM6Ly93d3cuZ29vZ2xlLmNvbytyLw&guce_referrer_sig=AQAAANvOk_Svqus3GP5mrY-UUtORWXEWGUMdPR54Rm_Khin__7cPZloZRA35u6iedz6p3SdcOY3qzFVrdI4hP6G6f5vJACxcg2UEhYRy7W-NNc5pOBz6o2qGGih6NLl02nTQJySIbgCn9rjKilwkCnNrqeaSs2Ht6as41DPa_G6FfHgr, accessed 29 August 2019.

Mark Zuckerberg, Building Global Community, 16 February 2017, http://www.facebook.com/notes/mark-zuckerberg/building-global-community/10154544292806634/, accessed 29 August 2019.

- 경험하는 내가 나일까, 아니면 경험에 의미를 부여하는 내가 나일까? 나는 경험에 의미를 부여하는 내가 진짜 나라고 말했다. 우리의 경험 자체는 사실 데이터일 뿐이다. 정리되지 않은 날것이다. 그러기에 객관성을 인정받아 알고리즘화되고 이를 통해 모형을 만들어 예측하려 한다. 하지만 우리는 정작 이것을 자기 자신으로 인정하지 않는다. 소화된 경험, 주관이 개입된 경험, 즉 맥락적 데이터를 가지고 자신을 표현한다. 이것이 실존적 정체성인 것이다. 아직 슈퍼 기계가 범접하지 못하는 우리만의 청정 지역이다. 내가 해석 역량을 강조하는 이유도 바로 여기에 있다. 내 주장을 뒷받침하기 위해 노벨경제학상을 수상한 최초의 심리학자 대니얼 카너먼의 대장내시경 실험을 그의 책 『생각에 관한 생각』에서 인용했다. 특별히 고통과 관련된 정점-결말 법칙은 에란 교수 외의 아래 논문도 참고했다.

Daniel Kahneman, *Thinking, Fast and Slow*, Farrar, Straus and Giroux, 2013.

Eran Chajut et al., "In Pain Thou Shalt Bring Forth Children: The Peak-and-End Rule in Recall of Labor Pain", *Psychological Science* 25(12), 2014, pp. 2266-2271.

- 인류 역사에는 가보지 않은 길을 만들며 나아간 많은 사람들이 있다. 그중 라이트 형제 이야기를 좀 상세히 꺼내들었다. 대중과 친숙한 이야기일 뿐 아니라 그들의 속내를 엿볼 수 있는 이야기가 풍부한 감수성과 질감 있는 감지성이 어떻게 끈질긴 실험 정신과 포기 없는 인내로 연결되고 결국 창의를 일궈내는지 들려주기 때문이었다. 윌버와 오빌의 비행 이야기는 다음 책을 참고했다.

McCullough, David, *The Wright Brothers*, Simon & Schuster, 2016.

휴탈리티
미래 인재의 조건

초판 1쇄 인쇄 2023년 12월 15일
초판 1쇄 발행 2023년 12월 25일

지은이 박정열
발행인 정수동 이남경
편 집 주상미 김유진
본문디자인 김경주
표지디자인 Yozoh Studio Mongsangso

발행처 저녁달
출판등록 2017년 1월 17일 제2017-000009호
주소 경기도 파주시 회동길 445, 301호
전화 02-599-0625
팩스 02-6442-4625
이메일 book@mongsangso.com
인스타그램 @eveningmoon_book

ISBN 979-11-89217-21-1   03320